Coleção Lúmen

O Ingênuo

Coleção Lúmen

Voltaire

O Ingênuo

70

O INGÊNUO

AUTOR: Voltaire

DIRETOR DA ALMEDINA BRASIL: Rodrigo Mentz
EDITOR: Marco Pace
EDITOR DE DESENVOLVIMENTO: Rafael Lima
ASSISTENTES EDITORIAIS: Larissa Nogueira e Letícia Gabriella Batista
ESTAGIÁRIA DE PRODUÇÃO: Laura Roberti

REVISÃO: Luciana Boni
DIAGRAMAÇÃO: Almedina
DESIGN DE CAPA: Roberta Bassanetto

ISBN: 9786556278384
Maio, 2023

Dados Internacionais de Catalogação na Publicação (CIP)
(Câmara Brasileira do Livro, SP, Brasil)

Voltaire, 1694-1778
O ingênuo / Voltaire. -- 1. ed. -- São Paulo :
Almedina, 2023.

ISBN 978-65-5627-838-4

1. Ficção francesa I. Título.

23-148583 CDD-843

Índices para catálogo sistemático:
1. Ficção: Literatura francesa 843
Eliane de Freitas Leite – Bibliotecária – CRB 8/8415

Este livro segue as regras do novo Acordo Ortográfico da Língua Portuguesa (1990).

EDITORA: Almedina Brasil
Rua José Maria Lisboa, 860, Conj.131 e 132, Jardim Paulista | 01423-001 São Paulo | Brasil
www.almedina.com.br

APRESENTAÇÃO

O conto *O Ingênuo* foi publicado pela primeira vez em 1767, datado de Utrecht, mas na verdade quem o publicou foi o editor Cramer, de Genebra. A falsa informação sobre o local e o nome do editor não é nenhum descuido; é proposital. Além disto, a obra não fornece o nome do autor. Em vez disto, consta no título *História verdadeira tirada dos manuscritos do Padre Quesnel*. Ora, Quesnel foi um teólogo de inspiração jansenista, corrente que foi perseguida pelos teólogos católicos, que acusavam seus seguidores de heresia. Aliás, Quesnel já havia morrido em 1719, e nada indica que tenha deixado este manuscrito. Por que atribuir a um teólogo dissidente a autoria de um romance filosófico?

Estes procedimentos são muito comuns entre os literatos e filósofos da época que, com isto, buscavam escapar da censura e da perseguição. Voltaire é mestre nestes artifícios: atribuía suas obras a personagens mortos ou vivos (que não necessariamente estavam de acordo com suas ideias), a autores da antiguidade, a supostos parentes, a adversários. Mas quando era publicado um de seus livros, os leitores logo reconheciam de que oficina vinha a obra, pelo seu estilo rápido, irônico, irreverente. Identificado, ele negava a autoria, como, por exemplo, ele escreveu numa de suas cartas a D'Alembert, no momento em que seu romance já era muito comentado: "Não há nenhum *Ingênuo*, eu nunca o teria feito; tenho a inocência de uma pomba e quero ter a prudência de uma serpente".

O personagem que dá nome ao conto é um viajante: atravessa o Oceano Atlântico e chega à França. Personagens de outros contos de Voltaire são também viajantes: Cândido viaja pela Europa e pela América do Sul. O gigante Micrômegas, do conto do mesmo nome, chega ao planeta terra vindo de uma estrela. Zadig é originário da Babilônia, de onde acaba por ter de fugir para não ser supliciado. Viajar significa conhecer o mundo, comparar, opor, duvidar. A viagem conduz os personagens dos contos voltairianos a surpresas, a fatos inesperados, às vezes magníficos, às vezes grotescos, e, muitas vezes trágicos.

Mas voltemos ao Ingênuo: trata-se de um indígena canadense, da nação dos hurões, que é trazido para Europa num navio inglês que aporta na França numa vila da Normandia. Ao desembarcar é acolhido por um bom pároco e sua sobrinha. Robusto, de um temperamento sadio, o Ingênuo é dotado de um espírito vivo, aberto e curioso; é de uma extrema franqueza, fala tudo o que lhe vem na cabeça. Ele logo se apaixona pela sobrinha do padre, e dá mostras que a quer para si. Explicam-lhe então, com paciência, que para isto é preciso casar-se com ela, evidentemente após ser instruído e batizado na religião cristã. Ele aceita tudo, desde que possa ter a sobrinha do pároco. Mas a esperança logo se desfaz: descobre-se que, na verdade, o indígena era filho de um irmão do pároco normando, missionário que havia partido para o Canadá, onde morrera deixando este filho aos cuidados dos nativos. O Ingênuo trazia no pescoço um colar com um talismã onde estavam pintados os retratos de seus pais. A senhorita é, assim, prima do herói, e só o Papa poderia autorizar este casamento. O Ingênuo não hesita: irá a Roma, falar com este senhor que tem o poder de lhe dar a felicidade. Então parte na direção de Roma, mas nunca vai chegar lá. Enquanto isto, observa os costumes europeus que lhe parecem absurdos, tão diferente dos seus, espanta-se com as esquisitices dos hábitos, faz perguntas, comparações, tira conclusões.

Podemos observar no conto a presença da figura do bom selvagem, difundido pela literatura da época e pelos relatos de viagem, que louvavam o bom temperamento dos "selvagens" da América, e que faziam parte da uma tradição desde o ensaio de Montaigne intitulado "Dos Canibais" e a obra de Bartolomeu de las Casas sobre a destruição dos reinos indígenas da América do Sul.

O conto nos leva, assim, ao tema da alteridade: o indígena é o outro do europeu, o europeu é o outro dos indígenas. De outro lado, por meio das viagens do Ingênuo e suas reflexões sobre o que vê, o europeu vê na verdade não apenas o indígena, mas vê-se a si mesmo pelos olhos do outro. No fundo, o conto põe em cena a oposição entre, de um lado, o "selvagem" americano e, de outro, europeu moderno e as contradições da civilização. Ao escrever o conto, Voltaire faz, de certa forma, um balanço e uma crítica da civilização europeia moderna.

Tomemos alguns episódios nos quais é realizado este balanço e esta crítica, e as conclusões que são avançadas pela boca do indígena americano.

Saindo da Normandia o Ingênuo encontra uma aldeia huguenote, que é o nome dado aos protestantes franceses na época. Os aldeões estão de mudança, partindo da França. Ora, a aventura do Ingênuo começa em 1689. Alguns poucos anos antes, em 1685, o rei Luís XIV havia revogado o chamado Édito de Nantes, que, no século XVI, havia concedido aos protestantes alguns direitos civis e uma certa liberdade de culto. A partir de sua revogação, os protestantes eram obrigados seja a abjurar sua fé, seja a sofrer violências da parte de um batalhão de soldados que entravam em suas casas, confiscavam seus bens e assim eles eram obrigados a procurar refúgio em outros países. O que de fato fizeram, indo sobretudo para a Holanda ou para Genebra. Segundo Voltaire, a França perdeu, com esta perseguição, cinquenta mil famílias que teriam sido súditos trabalhadores e úteis ao país. O Ingênuo não pode entender nem aceitar esta perseguição. "Eu vou ver o rei, eu lhe mostrarei a verdade; é impossível, diz o hurão, que alguém não se renda a esta verdade quando a sente". De fato ele vai ao palácio de Versalhes, espanta-se com os costumes da corte, não chega a falar com o rei e acaba preso na Bastilha, acusado de ser defensor dos protestantes.

Na prisão, ele divide a cela com um jansenista, corrente teológica dissidente do catolicismo, e que também foi violentamente reprimida pelo poder real mais ou menos na mesma época. Nestes dois episódios, trata-se, no primeiro plano da cena, do tema da tolerância religiosa, tão cara a Voltaire. Mas o leitor curioso encontrará, nos detalhes do texto, outros elementos da cultura, das instituições, dos costumes da Europa que são alvo da crítica voltairiana: o abuso do poder, as prisões sem julgamento (ele mesmo, Voltaire, foi preso na Bastilha), a corrupção dos ministros e do clero, a crueldade dos pequenos funcionários, as guerras sem fim.

Estaria Voltaire fazendo uma crítica do mundo moderno europeu e do desenvolvimento cultura e da civilização? Em outras palavras, ao descrever as virtudes do indígena hurão, estaria ele aproximando-se de Rousseau, seu adversário declarado, e para quem seria melhor para a humanidade ter permanecido num estágio mais próximo da natureza, tais como os povos originários da América? Certamente não. O que ele critica são os abusos. Além disto, o Ingênuo não é propriamente m indígena; é na verdade um filho de missionários franceses que partiram para o Canadá. Tendo trazido consigo o temperamento e costumes por assim dizer, mais puros, ele é capaz de se espantar com os abusos, mas também se mostrou capaz de usufruir os benefícios da civilização: aprendeu os elementos da ciências muito rapidamente, porque, escreve Voltaire, "não tendo aprendido nada na sua infância, não tinha adquirido preconceitos. Como seu entendimento não foi curvado pelo erro, tinha permanecido em toda a sua retidão". Ele, leu livros de história antiga e moderna (pois quando chegou já sabia ler e escrever e falava bem o francês e o inglês). Aprendeu a apreciar as artes, leu peças de teatro antigas e modernas, e preferiu as modernas. É como se no Ingênuo, a natureza tivesse se aperfeiçoado a partir de sua chegada à Europa. Ele mesmo, ao refletir sobre tudo que lhe aconteceu, diz: "Eu ficaria tentado de crer nas metamorfoses, pois eu me transformei de bruto em homem". Quer dizer, para Voltaire, a realização completa do homem se daria pela cultura e pela civilização.

É por estas razões que Jacques Van den Heuven, um dos editores dos contos de Voltaire, afirma que *O Ingênuo* é um romance de conciliação. Faz sentido. De outro lado, outro editor dos contos, Rénè Groos, afirma que os contos de Voltaire nos libertam do egocentrismo e da utopia. Quanto ao egocentrismo, eu diria eurocentrismo. Voltaire nos livra do eurocentrismo ao pôr em cena os males da Europa moderna. Da utopia, porque ambos os modelos de sociedade, o dos indígenas do Canadá e dos europeus da Europa têm seus próprios males.

Voltaire publicou, em 1767, portanto no mesmo ano da publicação do conto *O ingênuo*, um pequeno texto intitulado

Das conspirações contra os povos, no qual faz um balanço da modernidade europeia. O catálogo não é nada utópico: as perseguições contra os judeus, os massacres efetuados pelas cruzadas, as mortes durante a inquisição, o massacre da noite de São Bartolomeu, o genocídio de povos na América. Enfim, o mesmo quadro pintado por Voltaire no conto é reproduzido ao final do *Ensaio sobre os costumes*: "É preciso, escreve Voltaire, mais uma vez, confessar que toda esta história é uma amontoado de crimes, de loucuras e de males, dentre os quais algumas vezes vemos algumas virtudes, alguns tempos felizes, assim como vemos habitações esparsas aqui e lá nos desertos selvagens".

Quanto às sociedades indígenas, onde o Ingênuo cresceu e foi educado, a apreciação de Voltaire não é menos pessimista. É certo que ele denuncia os males provocados pela colonização: "um pequeno número de europeus fez com que perecessem mais de doze milhões de americanos". Mas, de outro lado, ele afirma que os povos da América são, em tudo, inferiores aos europeus; refere-se também à "estupidez da espécie humana nesta parte do hemisfério". Isto se deve ao fato de estes povos estão num grau menos avançado em relação aos do velho mundo, que, eles também, tiveram seus tempos bárbaros no passado. Logo, estes povos caminharão na direção à condição da Europa havia chegado, com seus benefícios, mas também com seus males. Este é o pano de fundo da filosofia da história em Voltaire.

Apesar de Voltaire ser considerado um dos maiores defensores do progresso da civilização, há, sem dúvida, um traço de melancolia no quadro por ele traçado em seus textos sobre a história do gênero humano. De certa forma isto aparece no *Cândido* (o herói, após ter passado por muitas adversidades, diz aos seus companheiros: Parem de discutir, cultivemos o nosso jardim. No *Micrômegas*, o livro que o viajante espacial havia prometido e que ensinaria qual a finalidade dos coisas, estava em branco. E Zadig afirma no final do conto que leva seu nome: "Partamos, e vejamos o que meu triste destino me reserva".

No caso do Ingênuo, no final do conto, embora o personagem tenha chegado a um momento mais tranquilo, isto não lhe causa muito entusiasmo. Gordon, seu antigo companheiro de prisão, tomava como divisa que, no final das contas, "o mal serve para alguma coisa". Não é a opinião do Ingênuo, para quem "o mal não serve para nada".

Maio de 2023

MARIA DAS GRAÇAS DE SOUZA

SUMÁRIO

1
COMO A PRIOR DE NOSSA SENHORA DA MONTANHA E A SENHORITA SUA IRMÃ ENCONTRARAM UM HURÃO

Um dia S. Dunstan, irlandês de nacionalidade e santo de profissão, partiu da Irlanda a bordo de uma pequena montanha que navegou para as costas da França, indo arribar à baia de Saint-Malo. Depois do que, deu ele a bênção à sua montanha, a qual lhe fez profundas reverências e voltou para a Irlanda pelo mesmo caminho por onde tinha vindo.

Dunstan fundou ali um pequeno priorado, dando-lhe o nome de priorado da Montanha, denominação que ainda hoje conserva, como todos sabem.

Ora, na tarde de 15 de julho de 1689, o abade de Kerkabon, prior de Nossa Senhora da Montanha, passeava à beira-mar com a senhorita de Kerkabon, sua irmã, para tomar a fresca. O prior, já um tanto avançado em idade, era um excelente eclesiástico, muito amado pelos seus paroquianos, depois de o ter sido outrora pelas suas paroquianas. O que lhe valera sobretudo grande consideração é que era o único clérigo da província que não precisava ser carregado para o leito depois de cear com os seus confrades. Sabia muito corretamente a sua teologia e, quando cansado de ler Santo Agostinho, divertia-se com Rabelais: de modo que todos diziam bem dele.

A senhorita de Kerkabon que jamais havia casado, embora vontade não lhe faltasse, ainda não perdera o frescor aos quarenta e cinco anos; boa e sensível de gênio, gostava de divertimentos e era devota.

Dizia o prior à irmã, olhando o mar:

– Ah! foi aqui que embarcou o nosso pobre irmão, com a nossa querida cunhada, a senhora de Kerkabon, sua esposa, na fragata Hirondelle, em 1669, para ir servir no Canadá. Se não o tivessem matado, poderíamos ter a esperança de tornar a vê-lo.

– Acreditas – dizia a senhorita de Kerkabon – que a nossa cunhada tenha sido devorada pelos iroqueses, como nos disseram? É certo que, se não a tivessem comido, teria voltado à sua terra. Hei de chorá-la toda a vida: era uma mulher encantadora; e nosso irmão, que era bastante inteligente, teria feito uma bela fortuna.

Enquanto assim se comoviam a tais lembranças, viram entrar na baía de Rance uma pequena embarcação que chegava com a maré: eram ingleses que vinham vender alguns gêneros de seu país. Saltaram em terra, sem preocupar-se com o senhor prior nem com a senhorita sua irmã, que ficou muito chocada com a desatenção.

Não sucedeu o mesmo com um jovem de excelente compleição que, saltando por cima da cabeça de seus companheiros, veio cair de pé em frente à senhorita. Cumprimentou-a com a cabeça, pois, pelos modos, não aprendera a fazer reverência. Seu aspecto e sua indumentária atraíram os olhares do irmão e da irmã. Tinha a cabeça descoberta, as pernas nuas, longas tranças, pequenas sandálias, e um gibão que lhe modelava o talhe esbelto; e um ar ao mesmo tempo viril e bondoso. Trazia numa das mãos uma pequena garrafa de água de Barbados, e na outra uma espécie de bolsa na qual havia uma caneca e bolachas. Falava francês de um modo bastante inteligível. Ofereceu água de Barbados à senhorita de Kerkabon e ao senhor seu irmão; bebeu com ambos; fê-los beber de novo; e tudo isso com um ar tão simples e natural que o irmão e a irmã ficaram encantados. Ofereceram-lhe seus préstimos, perguntando-lhe quem era e aonde ia. O jovem lhes respondeu. que não sabia ao certo, pois era um simples curioso que quisera saber como eram as costas de França e que, como ali chegara, logo se retiraria.

Julgando, pelo seu acento, que ele não era inglês, tomou o prior a liberdade de lhe perguntar qual o seu país de origem.

– Eu sou hurão – respondeu-lhe o jovem.

A senhorita de Kerkabon, espantada e encantada de ver um hurão que a cumulara de atenções convidou o jovem para jantar; este não se fez de rogado e dirigiram-se os três para o priorado de Nossa Senhora da Montanha.

A miúda e rechonchuda senhorita não tirava dele os seus olhinhos e dizia de vez em quando ao prior: – Esse rapagão tem uma pele de lírio e rosas! Que bela tez para um hurão!

– Tens razão, minha irmã – dizia o prior.

Ela fazia cem perguntas seguidas, a que o viajante sempre respondia com toda a justeza.

Logo se espalhou o rumor de que havia um hurão no priorado. A alta sociedade do cantão apressou-se em comparecer. O padre de St. Yves veio acompanhado da senhorita sua irmã, jovem baixa-bretã, muito bonita e muito bem educada. O bailio, o recebedor de impostos e suas respectivas mulheres não faltaram à ceia. Colocaram o estrangeiro entre a senhorita de Kerkabon e a senhorita de St. Yves. Todos o olhavam com admiração, todos lhe falavam e interrogavam ao mesmo tempo; o hurão não perdia a compostura. Parecia haver tomado por divisa a de milorde Bolingbroke: nihil admirari. Afinal, cansado de tanto barulho, disse-lhes suavemente, mas com firmeza:

– Senhores, na minha terra fala um depois do outro; como querem que lhes responda, se me impedem de ouvi-los?

A razão sempre faz com que os homens se compenetrem por alguns momentos. Estabeleceu-se um grande silêncio. O senhor bailio, que sempre se apoderava dos estranhos em qualquer parte onde se achasse, e que era o maior perguntador da província, indagou, abrindo uma boca de palmo e meio:

– Como se chama o senhor? – Sempre me chamaram o Ingênuo, nome este que me foi confirmado na Inglaterra, porque eu sempre digo singelamente o que penso e faço tudo o que quero.

– Mas como, tendo nascido hurão, foi o senhor parar na Inglaterra?

– É que me levaram para lá. Em combate, fui feito prisioneiro pelos ingleses, depois de me haver defendido o mais que pude. E os ingleses, que apreciam a bravura, porque são bravos e tão direitos como os hurões, propuseram-me devolver-me a meus país ou levar-me para a Inglaterra. Aceitei a última oferta, pois gosto imenso de ver terras novas.

– Mas – disse o bailio com o seu tom imponente – como pôde o senhor abandonar assim o seu pai e a sua mãe?

– É que nunca conheci nem pai nem mãe – respondeu o estrangeiro.

Não houve quem não se comovesse, e todos repetiam: Nem pai nem mãe!

– Nós lhe serviremos de pai e mãe – disse a dona da casa ao prior. – Como é interessante esse senhor hurão!

O Ingênuo agradeceu-lhe com uma nobre e altiva cordialidade, e deu-lhe a entender que não tinha necessidade de coisa alguma.

– Vejo, senhor Ingênuo – disse o grave bailio, – que o seu francês é excelente para um hurão.

– Um francês – disse ele que os hurões haviam aprisionado quando eu era pequenino, e a quem dediquei grande amizade, ensinou-me a sua língua; aprendo muito depressa o que quero aprender. Ao chegar em Plymouth, encontrei um desses refugiados franceses a que chamam huguenotes, não sei por quê; fiz com ele alguns progressos no conhecimento de vossa língua e, logo que me pude exprimir inteligivelmente, vim visitar o vosso país, pois aprecio bastante os franceses quando eles não fazem muitas perguntas.

O abade de St. Yves, apesar dessa pequena advertência, perguntou-lhe qual das três línguas preferia: o hurão, o inglês, ou o francês.

– O hurão, sem dúvida nenhuma.

– Será possível? – exclamou a senhorita de Kerkabon. – Eu sempre julguei que o francês fosse a mais bela de todas as línguas, depois do baixo-bretão.

Choveram então as perguntas. Como se dizia fumo em hurão? Taya, respondia o Ingênuo. Como se dizia comer? Essenter, respondia ele. A senhorita de Kerkabon fez absoluta questão de saber como se dizia amar; ele respondeu que isso era trovander, e sustentou, não sem razão, que tais palavras nada ficavam a dever às suas correspondentes em francês e inglês. Trovander pareceu muito bonito a todos os convivas.

O prior, que tinha na biblioteca uma gramática da língua huronesa, que lhe dera de presente o reverendo padre Sérgard--Théodat, recoleto e famoso missionário, retirou-se da mesa um momento, para ir consultá-la. Voltou arquejante de enternecimento e alegria. Reconheceu o Ingênuo como um verdadeiro hurão. Discutiram um pouco sobre a multiplicidade das línguas e chegaram à conclusão de que, se não fora a aventura da torre de Babel, a terra inteira estaria falando francês.

O interrogador bailio, que até então desconfiara um pouco do personagem, começou a considerá-lo com profundo respeito; falou-lhe com mais civilidade que antes, coisa de que o Ingênuo não se apercebeu.

A senhorita de St. Yves estava muito curiosa por saber como se amava na terra dos hurões.

– Praticando belas ações – respondeu ele – para agradar às pessoas que se parecem com a senhorita.

Todos os convivas aplaudiram com admiração. A senhorita de St. Yves enrubesceu, e sentiu-se muito bem. A senhorita de Kerkabon igualmente enrubesceu, mas não se sentiu tão bem, um pouco melindrada de que a galanteria não se dirigisse a ela, mas tinha tão bom coração que isso em nada diminuiu o seu afeto pelo visitante. Perguntou-lhe amavelmente quantas namoradas tivera ele na Hurônia.

– Só tive uma – respondeu o Ingênuo. – Era Abacaba, a boa amiga de minha querida ama; os juncos não eram mais retos, o arminho mais branco, as ovelhas menos macias, as águias menos altivas, e nem os cervos mais rápidos do que Abacaba. Ela perseguia um dia uma lebre pelas vizinhanças, a cerca de cinquenta léguas da nossa casa. Um algonquino mal educado, que habitava cem léguas além, veto arrebatar-lhe a sua lebre; mal o soube, acorri, derrubei o algonquino com um golpe de maça, amarrei-o e fui depô-lo aos pés de Abacaba. Os pais de Abacaba queriam comê-lo; mas nunca me agradei dessa espécie de festins; restitui-lhe a liberdade e fiz dele um amigo. Abacaba ficou tão impressionada com a minha ação, que me preferiu a todos os seus pretendentes. E ainda me amaria, se não tivesse sido devorada por um urso. Castiguei o urso, usei durante muito tempo a sua pele, mas isso não me consolou.

A senhorita de St. Yves sentia um secreto prazer ao ouvir que o Ingênuo só tivera uma bem-amada e que Abacaba não mais existia; mas não discernia a causa de seu prazer. Todos fixavam os olhos no Ingênuo; louvavam-no muito por não haver permitido que os seus camaradas comessem um algonquino.

O implacável bailio, incapaz de reprimir o seu furor inquisitivo, levou a curiosidade ao ponto de se informar qual era a religião do senhor hurão; se havia escolhido a religião anglicana, ou a galicana, ou a huguenote.

– Eu sou da minha religião – disse ele – como o senhor é da sua.

– Ah! – exclamou a Kerkabon – bem se vê que esses engraçados ingleses nem ao menos pensaram em batizá-lo.

– Meu Deus! – dizia a senhorita de St. Yves – como é possível que os hurões não sejam católicos? Será que os RR.PP jesuítas não os converteram a todos?

O Ingênuo assegurou que na sua terra não se convertia ninguém; que nunca um verdadeiro hurão mudara de ideias, e que na sua língua nem sequer havia um termo que significasse inconstância. Estas últimas palavras agradaram extremamente à senhorita de St. Yves.

– Nós o batizaremos, nós o batizaremos – dizia a Kerkabon ao prior; – há de caber-te essa honra, meu caro irmão; faço questão de ser sua madrinha; o senhor de St. Yves o levará à pia; será uma brilhante cerimônia, de que se falará em toda a Baixa Bretanha, o que nos trará grandes honras. Toda a companhia secundou a dona da casa; todos os convivas gritavam:

– Nós o batizaremos!

O Ingênuo respondeu que na Inglaterra deixavam a gente viver como bem quisesse. Deu a entender que a proposta não lhe agradava absolutamente, e que a lei dos hurões valia pelo menos a lei dos baixo-bretões; enfim, disse que iria embora no dia seguinte. Acabaram de esvaziar a sua garrafa de água de Barbados e foram deitar-se.

Depois que o Ingênuo se recolheu ao quarto, a senhorita de Kerkabon e sua amiga a senhorita de St. Yves não puderam deixar de espiar pelo buraco da fechadura, para ver como dormia um hurão. Viram que havia estendido a roupa do leito no soalho e que repousava na mais bela atitude do mundo.

2
O HURÃO, CHAMADO O INGÊNUO, É RECONHECIDO POR SEUS PARENTES

O Ingênuo, segundo o seu costume, acordou com o sol, ao cantar do galo, que é chamado na Inglaterra e na Hurônia a trombeta do dia. Não era como a gente da alta., que enlanguesce num preguiçoso leito, até que o sol haja feito metade do seu curso, que não pode nem dormir nem se levantar, que perde tantas horas preciosas nesse estado intermediário entre a vida e a morte, e ainda se queixa de que a vida é demasiado curta.

Já fizera duas ou três léguas, tendo abatido, a funda, umas trinta peças de caça, quando, ao regressar, encontrou o prior de Nossa Senhora da Montanha e sua discreta irmã, que passeavam de touca de dormir pelo seu pequeno jardim. Apresentou-lhes a sua caça e, tirando da camisa uma espécie de talismã que trazia sempre ao pescoço, pediu-lhes que o aceitassem como agradecimento pela sua boa recepção.

– É o que eu tenho de mais precioso – lhes disse ele. Asseguraram-me que eu seria sempre feliz enquanto o usasse. E assim lhes faço este presente, para que sejam sempre felizes.

O prior e sua irmã sorriram comovidos ante a simplicidade do Ingênuo. O referido presente consistia em dois pequenos retratos muito mal feitos, unidos por uma correia bastante sebenta

A senhorita de Kerkabon perguntou-lhe se havia pintores na Hurônia.

– Não – disse o Ingênuo, – esta raridade me veio de parte de minha ama; o seu marido a adquirira por conquista, despojando alguns franceses do Canadá que haviam travado batalha conosco. É só o que eu sei.

O prior examinava atentamente aqueles retratos; mudou de cor, emocionou-se, as mãos tremeram-lhe.

– Por Nossa Senhora da Montanha – exclamou ele, – creio que é o meu irmão capitão e sua mulher.

A senhorita, depois de os haver examinado com igual emoção, também achou o mesmo. Estavam ambos transidos de espanto e de uma alegria mesclada de sofrimento; ambos se enterneciam; ambos choravam; palpitava-lhes o coração; soltavam gritos; arrancavam um ao outro os retratos; cada qual os tomava e devolvia vinte vezes por segundo devoravam com os olhos os retratos e o hurão; perguntavam-lhe um após outro, e os dois ao mesmo tempo, em que lugar, em que tempo, de que modo, tinham aquelas miniaturas ido parar às mãos da sua ama; comparavam as datas; lembravam-se de ter tido notícias do capitão até a sua chegada à terra dos hurões; época em que mais nada souberam a seu respeito.

Dissera-lhes o Ingênuo que não conhecera nem pai nem mãe. O prior, que era bom observador, notou que o Ingênuo tinha um pouco de barba e sabia que os hurões não a têm. "Seu queixo tem barba; o Ingênuo deve ser, portanto, filho de um europeu. Meu irmão e a minha cunhada não mais apareceram depois da expedição contra os hurões em 1669; meu sobrinho devia ser então criança de peito; a ama huronesa lhe salvou a vida e serviu-lhe de mãe". Enfim, depois de cem perguntas e cem respostas, o prior e sua irmã concluíram que o hurão era o seu próprio sobrinho. Beijavam-no a chorar; e o Ingênuo ria, sem poder imaginar como é que um hurão poderia ser sobrinho de um prior da Baixa Bretanha.

Acorreram todos; o senhor de St. Yves, que era grande fisionomista, comparou os dois retratos com o rosto do Ingênuo; notou habilmente que ele tinha os olhos da mãe, a testa e o nariz do falecido capitão de Kerkabon, e as faces de ambos. A senhorita de St. Yves, que jamais vira o pai nem a mãe, assegurou que o Ingênuo se lhes assemelhava perfeitamente. Admiravam todos a Providência e o encadeamento dos sucessos deste mundo. Estavam enfim tão persuadidos, tão convictos da origem do Ingênuo, que ele próprio assentiu em ser sobrinho do senhor prior, dizendo que gostaria tanto de o ter por tio como a qualquer outro.

Foram agradecer a Deus na igreja de Nossa Senhora da Montanha, enquanto o hurão, com um ar indiferente, divertia-se em beber em casa.

Os ingleses que o tinham trazido, e que estavam prestes a zarpar, vieram dizer-lhe que era tempo de partir.

– Pelo que vejo – lhes disse o hurão, – vocês não encontraram os seus tios: eu fico por aqui; voltem para Plymouth; dou-lhes de presente todos os meus trapos; não tenho necessidade de mais nada no mundo, pois sou sobrinho de um prior.

Os ingleses velejaram, pouco se lhes dando que o hurão tivesse ou não parentes na Baixa Bretanha.

Depois que o tio, a tia e todas as visitas cantaram o Te Deum; depois que o bailio encheu o Ingênuo de novas perguntas; depois que esgotaram tudo o que o espanto, a alegria e a ternura podem fazer dizer, o prior da Montanha e o padre de

St. Yves resolveram batizá-lo o mais depressa possível Mas um hurão adulto de vinte e dois anos não estava no mesmo caso de uma criança, a quem se regenera sem que esta fique sabendo coisa alguma. Era preciso doutriná-lo, e isso parecia difícil; pois o abade de St. Yves supunha que um homem que não nascera na França não podia ter senso comum.

O prior observou à companhia que, se de fato o Ingênuo, seu sobrinho, não tivera a ventura de nascer na Baixa Bretanha, nem por isso deixava de ter espírito, o que se poderia avaliar por todas as suas respostas, e que sem dúvida a natureza muito o favorecera, tanto do lado paterno como do materno.

Perguntaram-lhe primeiro se ele já tinha lido algum livro. Respondeu que lera Rabelais traduzido em inglês e alguns trechos de Shakespeare que sabia de cor; que tinha encontrado esses livros com o capitão do navio que o trouxera da América para Plymouth, e que muito lhe haviam agradado. O bailio não deixou de interrogá-lo sobre os referidos livros.

– Confesso – disse o Ingênuo – que julguei adivinhar qualquer coisa, e não entendi o resto.

A estas palavras, o padre de St. Yves refletiu que era assim que ele próprio sempre havia lido, e que a maioria dos homens não lia de outro modo.

– Com certeza já leu a Bíblia, não? – perguntou ele ao Ingênuo.

– Absolutamente, senhor padre; não estava entre os livros do meu capitão, nem nunca ouvi falar nisso.

– Eis como são esses malditos ingleses – gritava a senhorita Kerkabon. – Farão mais caso de uma peça de Shakespeare, de um pudim de ameixa e de uma garrafa de rum do que do Pentateuco. É por isso que jamais converteram ninguém na América. Certamente são amaldiçoados de Deus; e dentro em pouco nós lhes tomaremos a Jamaica e a Virgínia. Como quer que fosse, mandaram buscar o mais hábil alfaiate de Saint-Malo para vestir o Ingênuo dos pés à cabeça. O grupo separou-se; o bailio foi fazer suas perguntas noutra parte. A senhorita de St. Yves, ao partir, voltou-se várias vezes, a fim de olhar para o Ingênuo; e fez-lhe reverências mais profundas do que nunca as fizera a ninguém em toda a vida.

Antes de partir, o bailio apresentou à senhorita de St. Yves um paspalhão de filho que acabava de sair do colégio; ela, porém, mal lhe dirigiu o olhar, tão preocupada estava com o hurão.

3
O HURÃO, CHAMADO O INGÊNUO, É CONVERTIDO

O senhor prior, vendo que envelhecia e que Deus lhe enviava um sobrinho para seu consolo, considerou que poderia resignar-lhe o priorado se conseguisse batizá-lo e fazê-lo tomar hábito.

O Ingênuo tinha excelente memória. A firmeza dos órgãos bretão., fortificada pelo clima do Canadá, tornara-lhe a cabeça tão vigorosa que, quando batiam nela, mal o sentia; e, tudo que lhe gravavam dentro, nunca se apagava; jamais esquecera coisa alguma. E tanto mais viva e nítida era a sua concepção, porquanto a sua infância não fora sobrecarregada com as inutilidades e tolices que acabrunham a nossa, de modo que as coisas penetravam num cérebro sem nuvens. O prior resolveu enfim fazê-lo ler o Novo Testamento. O Ingênuo devorou-o com grande prazer, mas, não sabendo em que tempo nem em que local havia acontecido as aventuras ali referidas, não duvidou que o teatro dos acontecimentos fosse a Baixa Bretanha, e jurou que cortaria o nariz e as orelhas a Caifás e a Pilatos, se algum dia encontrasse esses marotos.

O tio, encantado com essas boas disposições, o esclareceu em pouco tempo; louvou o seu zelo, mas fez-lhe ver que esse zelo era inútil, visto que tais pessoas haviam morrido há cerca de mil seiscentos e noventa anos. Em breve o Ingênuo sabia quase todo o livro de cor. Apresentava algumas vezes objeções que deixavam o prior em grandes dificuldades, obrigando-o a ir consultar o padre de St. Yves, o qual, não sabendo o que responder, mandou chamar um jesuíta bretão para completar a conversão do Ingênuo.

Enfim a graça operou; o Ingênuo prometeu fazer-se cristão; e não teve a menor dúvida de que deveria começar por ser circuncidado.

– Pois – dizia ele – não vejo no livro que me deram a ler um único personagem que não o tenha sido; é, pois, evidente que devo fazer o sacrifício do meu prepúcio: e quanto mais cedo, melhor.

Não vacilou. Mandou chamar o cirurgião da aldeia e pediu-lhe que lhe fizesse a operação, esperando alegrar infinitamente a senhorita de Kerkabon e a toda a companhia, depois que o fato estivesse consumado. O cirurgião, que nunca fizera a operação referida, avisou a família, que bradou aos céus. A boa Kerkabon temeu que seu sobrinho, que parecia resoluto e expedito, fizesse em si mesmo a operação com desastrada imperícia, e disso resultassem tristes consequências pelas quais as damas sempre se interessam por bondade de coração.

O prior retificou as ideias do hurão; fez-lhe ver que a circuncisão não estava mais em moda, que o batismo era muito mais suave e salutar, que a lei da graça não era como a lei da austeridade. O Ingênuo, que tinha bastante bom-senso e retidão, discutiu, mas afinal reconheceu o seu erro, coisa muito rara na Europa em gente que discute; prometeu enfim submeter-se ao batismo quando bem quisessem.

Antes era preciso confessar-se, e ai estava a maior dificuldade. O Ingênuo, que sempre trazia no bolso o livro que o tio lhe dera, não via ali nenhum apóstolo que se houvesse jamais confessado, e isso o tornava bastante rebelde. O prior fechou-lhe a boca, mostrando-lhe, na epístola de S. Jaques o Moço, estas palavras que causam tanta espécie aos heréticos: Confessei-vos uns aos outros. O hurão não objetou mais nada e confessou-se a um recoleto. Terminada a confissão, tirou o frade do confessionário, e, segurando vigorosamente o seu homem, obrigou-o a pôr-se de joelhos, dizendo-lhe:

– Vamos, meu amigo. Está escrito: Confessai-vos uns aos outros. Eu te contei os meus pecados; não sairá daqui sem que me hajas contado os teus.

Assim falando, apoiava o joelho contra o peito da parte adversária. O padre começa a soltar gritos que fazem reboar a igreja. Acodem ao barulho, veem o catecúmeno a esmurrar o monge em nome de S. Jaques o Moço. Mas era tão grande a alegria de batizar um baixo-bretão hurão e inglês, que passaram por alto essas singularidades. Houve até muitos teólogos que pensaram não ser necessária a confissão, visto que o batismo servia para tudo.

Combinaram a data com o bispo de Saint-Malo, que lisonjeado, como era de esperar-se, por batizar um hurão, chegou em pomposa equipagem, acompanhado da sua clerezia. A senhorita de St. Yves, bendizendo a Deus, pôs o seu mais belo vestido e mandou chamar uma cabeleireira de St. Malo, para brilhar na cerimônia. O inquiridor bailio acorreu com toda a província. A igreja estava magnificamente paramentada; mas, quando chegou a hora de levar o hurão para a pia batismal, nada de hurão.

O tio e a tia o procuraram por toda parte. Julgaram que estivesse a caçar, segundo o seu costume. Todos os convidados percorreram os matos e aldeias vizinhas: nem traços do hurão.

Começava-se a temer que tivesse ele voltado para a Inglaterra. Lembravam-se de tê-lo ouvido dizer que gostava muito desse país. O prior e a sua irmã achavam-se persuadidos de que ali não batizavam ninguém, e tremiam pela alma do sobrinho. O bispo estava confuso e prestes a regressar; o prior e o padre de St. Yves desesperavam-se. A senhorita de Kerkabon chorava; a senhorita de St. Yves não chorava, mas lançava profundos suspiros que pareciam testemunhar o seu gosto pelos sacramentos. Passeavam elas tristemente ao longo dos salgueiros e caniços que marginam o ribeiro de Rance, quando avistaram no meio da corrente um grande vulto branco com as mãos cruzadas no peito. Soltaram um grito e desviaram-se. Mas a curiosidade venceu logo qualquer outra consideração: puseram-se ambas a avançar cautelosamente entre os caniços e, quando se asseguraram de que não eram vistas, resolveram certificar-se do que se tratava.

4
O INGÊNUO BATIZADO

O prior e o abade, tendo acorrido, perguntaram ao Ingênuo o que estava fazendo ali.

– Ora essa! Espero o batismo. Faz uma hora que estou dentro d'água. E não é nada direito me deixarem aqui a gelar.

– Meu querido sobrinho – disse-lhe carinhosamente o prior, – não é assim que se fazem batizados na Baixa Bretanha; veste a tua roupa e vem conosco.

Ouvindo tais palavras, a senhorita de St. Yves disse baixinho à companheira:

– Será que ele já vai vestir-se?

O hurão, no entanto, retrucou ao prior:

– Agora o senhor não me convencerá como da outra vez; desde então tenho estudado bastante e estou certo de que não se batiza de outra maneira. O eunuco da rainha Candace foi batizado num rio: desafio o senhor a que me mostre no livro que me deu se alguma vez se batizou a não ser assim. Ou não serei batizado, ou serei batizado no rio.

Não adiantou alegar que haviam mudado os costumes. O Ingênuo era cabeçudo, pois era bretão e hurão. Voltava sempre ao eunuco da rainha Candace. E, embora a senhorita sua tia e a senhorita de St. Yves, que o tinham observado dentre os salgueiros, estivessem no direito de dizer-lhe que não lhe competia citar semelhante homem, abstiveram-se de qualquer interferência, tamanha era a sua discrição. O próprio bispo veio falar-lhe, o que já era muito; mas não adiantou: o hurão discutiu com o bispo.

– Mostre-me – lhe disse ele – no livro que o tio me deu, um único homem que não se haja batizado no rio, e eu farei tudo o que o senhor quiser.

A tia, desesperada, havia notado que o sobrinho fizera uma reverência mais profunda à senhorita de St. Yves do que às outras pessoas, e que nem ao senhor bispo saudara com aquele respeito mesclado de cordialidade que testemunhara à formosa moça. A senhorita de Kerkabon tomou o partido de dirigir-se a esta naquele grande embaraço; pediu-lhe que usasse da sua influência para induzir o hurão a batizar-se à maneira dos bretões, não acreditando que o seu sobrinho jamais pudesse ser cristão se teimasse em ser batizado na água corrente.

A senhorita de St. Yves enrubesceu com o secreto prazer que sentia em ser encarregada de tão importante missão. Aproximou-se modestamente do Ingênuo e, apertando-lhe a mão com um nobre gesto, disse-lhe:

– Será que não fará nada por mim?

E, assim falando, baixava os olhos e erguia-os com enternecedora graça.

– Ah! farei tudo o que a senhorita quiser, tudo o que me ordenar: batismo de água, batismo de fogo, batismo de sangue; não há nada que eu possa recusar-lhe.

A senhorita de St. Yves teve a glória de conseguir com duas palavras o que não haviam conseguido nem as solicitações do prior, nem as sucessivas interrogações do bailio, nem as razões do senhor arcebispo. Ela sentiu o seu triunfo; mas não lhe avaliava ainda toda a extensão.

O batismo foi administrado e recebido com toda a decência, toda a pompa, toda a distinção possível. O tio e a tia cederam ao senhor padre de St. Yves e à sua irmã a honra de servir de padrinhos ao Ingênuo. A senhorita de St. Yves radiava de alegria de se ver madrinha. Não sabia ao que a sujeitava esse grande título; aceitou a honra sem lhe conhecer as fatais consequências.

Como nunca houve cerimônia que não fosse seguida de um bródio, sentaram-se à mesa ao sair do batismo. Os espirituosos da Baixa Bretanha objetaram que o vinho não deveria ser batizado. O senhor prior dizia que o vinho, segundo Salomão, alegra o coração do homem. O senhor bispo acrescentava que o patriarca Juda amarrava o seu jumento à vinha e mergulhava o manto no sangue da uva e que era uma triste coisa não ser possível fazer o mesmo na Baixa Bretanha, a que Deus negara as vinhas. Cada qual porfiava em dizer um gracejo sobre o batismo do Ingênuo e dirigir galanteios à madrinha. O bailio, sempre interrogante, perguntava ao hurão se este seria fiel às suas promessas.

– Como quer que eu falte às minhas promessas – disse o hurão, – quando as fiz entre as mãos da senhorita de St. Yves?

O hurão entusiasmou-se; bebeu à grande pela saúde da madrinha.

– Se eu tivesse sido batizado por suas mãos – disse ele, – a água fria que recebi sobre a nuca me teria queimado.

O bailio achou a frase muito poética; ignorava o quanto a alegoria é corriqueira no Canadá. A madrinha, essa, sentiu-se extremamente satisfeita.

– O Ingênuo recebera na pia batismal o nome de Hércules. O bispo não cessava de perguntar quem era esse padroeiro de quem nunca ouvira falar. O jesuíta, que era muito erudito, respondeu-lhe que se tratava de um santo que, fizera doze milagres. Havia, na verdade, um décimo-terceiro que valia os outros doze, mas não ficava bem a um jesuíta referi-lo: era o de haver transformado cinquenta donzelas em mulheres, numa única noite. Um engraçado pôs-se a gabar entusiasticamente o referido milagre. Todas as damas baixaram os olhos; e julgaram, pelo aspecto do Ingênuo, que era este digno do santo de que trazia o nome.

5
O INGÊNUO ENAMORADO

Cumpre confessar que, depois daquele batizado e daquele banquete, a senhorita de St. Yves começou a desejar ardentemente que o senhor bispo ainda a fizesse participante de algum belo sacramento com o senhor Hércules Ingênuo. No entanto, como era bem educada e muito recatada, não ousava confessar a si mesma os seus ternos sentimentos; mas, se lhe escapava um olhar, uma palavra, um gesto, um pensamento, envolvia tudo isso num véu de pudor infinitamente amável Era terna, pressurosa, mas comedida.

Logo que o senhor bispo partiu, o Ingênuo e a senhorita de St. Yves se encontraram sem dar tento que se procuravam. Falaram-se, sem imaginar o que diriam. O Ingênuo lhe disse primeiro que a amava de todo o coração, e que a bela Abacaba, por quem estivera louco na sua terra, não lhe chegava aos pés. Respondeu-lhe a senhorita, com o seu ordinário recato, que era preciso o quanto antes falar nisso ao senhor prior seu tio e à senhorita sua tia, e que, da sua parte, ela iria dizer duas palavras ao seu caro irmão, o padre de St. Yves, e que esperava um consentimento geral.

O Ingênuo respondeu-lhe que não tinha necessidade do consentimento de ninguém; que lhe parecia extremamente ridículo ir perguntar a outros o que deviam fazer; que, quando dois estão de acordo, não há necessidade de um terceiro para acomodá-los.

– Não consulto ninguém – alegou ele – quando tenho vontade de comer, de caçar, ou de dormir. Bem sei que, em, amor, é bom ter o consentimento da pessoa a quem se deseja: mas, como não é nem do meu tio nem da minha tia que estou enamorado, não é a eles que me devo dirigir neste assunto; e, quanto à, senhorita, poderá muito bem dispensar o senhor padre de St. Yves.

A bela bretã, como é de imaginar, deve ter empregado toda a delicadeza de seu espírito para limitar o hurão ao terreno do decoro. Chegou até a agastar-se e logo se apaziguou. E não se sabe como teria terminado tal conversação se, ao anoitecer, o senhor abade não houvesse levado a irmã para a sua abadia. O Ingênuo deixou que os tios se fossem deitar, pois estavam fatigados da cerimônia e do longo banquete, e passou parte da noite a fazer versos para a sua bem amada, em hurão: pois é sabido que não há país no mundo em que o amor não torne poetas os namorados.

No dia seguinte, após o almoço, assim lhe falou o tio, em presença da senhorita Kerkabon, que se achava toda comovida:

– Louvado seja Deus, meu querido sobrinho, por teres a honra de ser cristão e bretão! Mas isso não basta; já estou ficando velho; meu irmão apenas deixou um cantinho de terra que pouco vale; tenho um bom priorado: se quiseres ao menos fazer-te subdiácono, como o espero, resignarei meu priorado em teu favor, e viverás folgadamente, depois de ter sido o consolo da minha velhice.

– Meu tio – respondeu-lhe o Ingênuo, – que bom proveito lhe faça! Viva quanto puder. Quanto a mim, não sei o que é subdiácono, nem o que quer dizer resignar; mas tudo me ficará bem, desde que tenha a senhorita de St. Yves à minha disposição.

– Meu Deus, meu sobrinho! Que me dizes? Amas então loucamente a essa linda senhorita?

– Sim, meu tio.

– Ai, meu sobrinho! É impossível casares com ela.

– Nada é mais possível, meu tio; pois ela, ao partir, não só me apertou a mão significativamente, como prometeu que me pediria em casamento; e sem dúvida nenhuma a desposarei.

-.Impossível, te digo eu; ela é tua madrinha; e é um terrível pecado para uma madrinha apertar assim a mão do afilhado; não é permitido casar com a própria madrinha; a isto se opõem as leis divinas e as leis humanas.

– Hom'essa, meu tio! Deixe de brincadeira: por que há de ser proibido casar com a madrinha, quando ela é moça e bonita? Não vi no livro que o senhor me deu que não ficasse bem desposar as moças que ajudam a gente a ser batizado. Todos os dias descubro que fazem aqui uma infinidade de coisas que não estão no seu livro, e que nada fazem de tudo o que ele diz. Confesso-lhe que isso me espanta e aborrece. Se me privarem da bela St. Yves, sob pretexto de batismo, fique o senhor avisado de que a tiro de casa e me desbatizo.

O prior ficou confuso; a irmã pôs-se a chorar.

– Meu caro irmão – disse ela, – o nosso sobrinho não deve perder a alma; o nosso Santo Padre lhe poderá conceder dispensa, e então ele poderá ser cristãmente feliz com aquela a quem ama.

O Ingênuo beijou a tia.

– Quem é esse amável homem – disse ele ,– que favorece tão bondosamente os amores dos jovens? Quero ir falar-lhe imediatamente.

Explicaram-lhe o que era o Papa, e o Ingênuo ficou ainda mais espantado do que antes:

– Não há uma palavra de tudo isso no seu livro, meu estimado tio; tenho viajado, conheço o mar; estamos na costa do Oceano; e eu vou deixar a senhorita de St. Yves para ir pedir permissão de amá-la a um homem que mora além do Mediterrâneo, a quatrocentas léguas daqui, e cuja língua desconheço?! Palavra, isso é de um ridículo incompreensível. Vou é falar imediatamente com o padre de St. Yves, que mora apenas a uma légua, e garanto-lhe que desposarei hoje mesmo aquela a quem amo.

Estava ainda a falar quando entrou o bailio, o qual, segundo o seu costume, lhe perguntou aonde ia.

– Vou casar-me – disse o Ingênuo, a correr. E dali a um quarto de hora se achava ele em casa da sua bela e querida bretã, que ainda estava dormindo.

– Ah, meu irmão – dizia a senhorita de Kerkabon ao prior, – jamais farás um subdiácono do nosso sobrinho.

O bailio ficou descontentíssimo com tal viagem, pois pretendia casar o seu filho com a St. Yves; e esse filho era ainda mais tolo e insuportável que o pai.

6
O INGÊNUO CHEGA À CASA DE SUA AMADA E FICA DEVERAS FURIOSO

Logo que chegou, perguntara o Ingênuo a uma criada velha onde era o quarto da sua querida, e, sem perda de tempo, empurrara fortemente a porta mal fechada, correndo para o leito. Acordando-se em sobressalto, exclamara a senhorita:

– Como?! És tu? Para, para! Que é que estás fazendo? Estou casando contigo – respondera ele. E com efeito a desposaria se ela não se houvesse debatido com toda a honestidade de uma pessoa que recebeu educação.

O Ingênuo não queria saber de brincadeira; achava todas aquelas gatimônias muito fora de propósito:

– Não era assim que fazia a senhorita Abacaba, a minha primeira namorada; não tens nenhuma seriedade; prometeste-me casamento e não queres casar: estás infringindo as leis mais elementares da honra; hei de ensinar-te a manteres a tua palavra, e te porei no caminho da virtude.

O Ingênuo possuía uma virtude varonil e intrépida, digna do seu padroeiro Hércules, cujo nome recebera na pia; ia exercê-la em toda a sua extensão quando, aos lancinantes gritos da senhorita, mais discretamente virtuosa, acudiu o honrado padre de St. Yves, com a sua governante, um velho criado devoto e um padre da paróquia.

– Meu Deus, meu caro vizinho – lhe disse o abade, – que vem a ser isso?

– É o meu dever – replicou o jovem. – Estou simplesmente cumprindo a minha promessa, que é sagrada.

A senhorita de St. Yves recompôs-se, enrubescendo. Levaram o Ingênuo para outro quarto. O abade censurou-lhe a monstruosidade do seu procedimento. O Ingênuo defendeu-se, alegando os privilégios da lei natural, que conhecia perfeitamente. O abade pôs-se a provar que a lei positiva devia ter precedência e que, se não fossem as convenções estabelecidas entre os homens, a lei da natureza seria quase sempre uma violação natural.

– Fazem-se mister – disse ele – notários, padres, testemunhas, contratos, dispensas. – Respondeu-lhe o Ingênuo com a reflexão que sempre fizeram os selvagens: – Muito desonestos devem ser vocês, visto que é necessário tomar tantas precauções. Bastante trabalho teve o sacerdote em resolver tal dificuldade.

– Confesso – disse ele – que há muitos inconstantes e velhacos entre nós, como haveria entre os hurões, se estes estivessem reunidos em uma grande cidade; mas também há homens sábios, honestos, esclarecidos, e foram estes que fizeram as leis. Quanto mais honrado é um homem, mais deve submeter-se a elas; assim se dá exemplo aos viciosos, que respeitam um freio que a virtude se impôs a si mesma.

Tal resposta impressionou o Ingênuo. Já ficou dito que tinha ele um espírito justo. Acalmaram-no com lisonjas; encheram-no de esperanças: ciladas em que sempre caem os homens dos dois hemisférios; trouxeram até, à sua presença, a senhorita de St.

Yves, depois que esta fez convenientemente a sua toilette. Tudo se passou no maior decoro. Mas, apesar de toda essa decência, os olhos flamejantes do Ingênuo Hércules faziam baixar os da sua amada e tremer a assistência.

Tiveram imenso trabalho para o reconduzir a seus parentes. Ainda desta vez foi preciso recorrer à influência da bela St. Yves; quanto mais sentia esta o seu poder sobre ele, mais o amava. Obrigou-o a partir, com o que ficou sinceramente aflita. Afinal, depois que ele se foi, o abade que, além de irmão mais velho da senhorita de St. Yves, era também seu tutor, tomou o partido de subtrair sua pupila às solicitudes daquele terrível namorado. Foi aconselhar-se com o bailio, que, tendo sempre em vista o casamento de seu filho com a irmã do abade, alvitrou que se mandasse a pobre moça para um convento. Foi um golpe terrível: uma indiferente que fosse metida num convento haveria de pôr-se aos gritos; quanto mais uma enamorada, e tão apaixonada quanto honesta; era mesmo de desesperar.

O Ingênuo, de volta ao priorado, contou tudo, o que acontecera com a sua costumeira simplicidade. Recebeu as mesmas censuras, que lhe produziram algum efeito no espírito e nenhum nos seus sentidos. Mas, no dia seguinte, quando pretendeu voltar à casa de sua amada, para discutir com ela sobre a lei natural e a lei convencional, disse-lhe o senhor bailio, com insultuosa alegria, que a senhorita de St. Yves se achava num convento.

– Pois bem – disse ele, – irei discutir com ela nesse convento.

– Impossível – disse o bailio. E longamente lhe explicou que coisa era um convento; esclareceu que tal palavra vinha do latim *conventus*, que significa assembleia; e o hurão não atinava por que não poderia ser admitido numa assembleia. Ao saber que essa assembleia era uma espécie de prisão onde mantinham encerradas as moças – coisa horrível, desconhecida entre os hurões e os ingleses, – ficou tão furioso como o seu padroeiro Hércules quando Eurites, rei da Ecália, não menos cruel que o padre de St. Yves, recusou-lhe a linda Lola, sua filha, não menos linda que a irmã do padre. Queria incendiar o convento, roubar a namorada, ou morrer com ela em meio às chamas.

A senhorita de Kerkabon, desesperada, renunciava mais do que nunca a todas as esperanças de ver o seu sobrinho subdiácono, e dizia, a chorar, que ele tinha o diabo no corpo depois que fora batizado.

7
O INGÊNUO REPELE OS INGLESES

O Ingênuo, mergulhado em negra e profunda melancolia, foi passear à beira mar, de fuzil às costas e facão à cinta, atirando de tempos em tempos nalguns pássaros, e muita vez tentando atirar em si mesmo; mas amava ainda a vida, por causa da senhorita de St. Yves. Ora amaldiçoava o tio, a tia, e toda a Baixa Bretanha, e o seu batismo; ora os abençoava, pois lhe haviam feito conhecer aquela a quem amava.

Tomava a resolução de ir incendiar o convento, e subitamente desistia, por medo de queimar a sua amada. As ondas da Mancha não são mais agitadas pelos ventos de leste a oeste do que o era o seu coração por tantos movimentos contrários.

Marchava a grandes passadas, sem saber por onde, quando ouviu um rufar de tambores. Viu ao longe uma multidão que corria metade para a margem e metade fugia para o interior

Mil gritos se elevavam de toda parte; a curiosidade e a coragem fazem-no precipitar-se incontinenti para o local de onde partiam aqueles clamores; em quatro saltos se aproxima.

O comandante da milícia, que ceara em casa do prior, logo o reconheceu; corre a ele de braços abertos:

– Ah! É o Ingênuo. Ele combaterá por nós. – E as milícias, que morriam de medo, tranquilizaram-se e gritaram também – É o Ingênuo! É o Ingênuo!.

– Senhores, de que se trata? Por que se acham todos tão desnorteados? Meteram as suas noivas no convento?

Então cem vozes confusas exclamam:

– Não vês os ingleses que abordam?

– Bem – disse o Ingênuo, – são boa gente; nunca pensaram em fazer-me subdiácono, nem me roubaram a noiva.

O comandante deu-lhe a entender que os ingleses vinham pilhar a abadia da Montanha, beber o vinho de seu tio e talvez raptar a senhorita de St. Yves; que o pequeno barco em que ele, Ingênuo, aportara na Bretanha, viera apenas para fazer um reconhecimento; que os ingleses praticavam atos de hostilidade sem haver declarado guerra ao rei de França, e que a província se achava exposta.

– Ah! Se é assim, eles violam a lei natural; deixem a coisa comigo; morei muito tempo com os ingleses, conheço-lhes a língua e vou falar com eles; não creio que possam ter tão más intenções.

Durante essa conversação, a esquadra inglesa aproximava-se; o nosso hurão toma um barco, vai a seu encontro, sobe à nau capitânia, e pergunta se era verdade que eles vinham assolar o país sem uma honesta declaração de guerra. O almirante e toda a sua gente puseram-se a rir, serviram-lhe ponche e mandaram-no de volta.

O Ingênuo, espicaçado, só pensou em bater-se às direitas contra os seus velhos amigos, por seus compatriotas e pelo senhor prior. Os gentis-homens da vizinhança acorriam de toda parte; o Ingênuo junta-se a eles; dispunham de alguns canhões; ele os carrega, os aponta, os dispara um após outro. Os ingleses desembarcam; o Ingênuo os acomete, mata uns três e fere o almirante que zombara dele. Sua coragem anima toda a milícia, os ingleses reembarcam, toda a costa reboava com os gritos de vitória: "Viva o Rei' Viva o Ingênuo!" Todos o abraçam, todos se apressam em estancar-lhe o sangue de alguns ferimentos leves que recebera. "Ah! – dizia ele, se a senhorita de St. Yves estivesse aqui, me poria uma compressa".

O bailio, que se escondera na sua adega durante o combate, veio cumprimentá-lo como os outros. Mas muito se surpreendeu ao ouvir o Ingênuo dizer a uma dúzia de homens de boa vontade que o cercavam: "Meus amigos, não basta ter livrado a Abadia da Montanha; é preciso libertar uma mulher". Toda aquela vibrante mocidade prendeu fogo, a essas simples palavras. Já o seguiam em multidão, já corriam para o convento. Se o bailio não tivesse logo avisado o comandante, se não tivessem corrido empós do alegre bando, estava tudo consumado. Trouxeram o Ingênuo para a casa dos tios, que o inundaram de lágrimas de ternura.

– Bem vejo que nunca serás nem subdiácono nem prior – lhe disse o tio. – Serás um oficial ainda mais bravo do que o meu irmão, e provavelmente tão necessitado quanto ele. E a senhorita de Kerkabon continuava a abraçá-lo, a chorar e a dizer:

– Ele vai expor-se à morte como o meu irmão; antes fosse subdiácono!

O Ingênuo, durante o combate, apanhara uma gorda bolsa cheia de guinéus que decerto o almirante deixara cair. E não tinha a menor dúvida de que, com aquela bolsa, poderia comprar toda a Bretanha, e sobretudo fazer da senhorita de St. Yves uma grande dama. Todos o exortaram a ir a Versalhes receber o prêmio de seus serviços. O comandante e os primeiros oficiais encheram-no de certificados. O tio e a tia aprovaram a viagem do sobrinho. Ele devia ser, sem dificuldade, apresentado – ao rei: só isso lhe daria uma prodigiosa importância na província. As duas excelentes criaturas acrescentaram à bolsa inglesa um considerável presente tirado das suas economias, O Ingênuo dizia consigo: "Quando vir o Rei, vou pedir-lhe a senhorita de St. Yves em casamento, e ele não negará".

Partiu, pois, sob as aclamações de todo o cantão, afogado de abraços, banhado pelas lágrimas da tia, abençoado pelo tio, e recomendando-se à bela St. Yves.

8
O INGÊNUO VAI À CORTE. JANTA EM CAMINHO, COM HUGUENOTES

O Ingênuo seguiu de coche pela estrada de Saumur, porque não havia então outra comodidade.

Chegado a esta cidade, espantou-se de encontrá-la quase deserta e de ver várias famílias que se mudavam. Disseram-lhe que Saumur, seis anos antes, continha mais de quinze mil almas, e que agora não contava mais de seis mil. Não deixou de falar nisso, à mesa da hospedaria. Vários protestantes ali se achavam; Uns queixavam-se amargamente, outros fremiam de cólera, outros choravam, dizendo: *Nos dulcia linquimus arva, nos patriam fugimus.* O Ingênuo, que não sabia latim, pediu explicação de tais palavras, que significam: Abandonamos as nossas suaves campanhas, fugimos da nossa pátria.

– E por que fogem de sua pátria, senhores?

– É porque querem que reconheçamos o Papa.

– E por que não o reconhecem? Não têm, então, madrinhas com quem desejam casar? Pois me disseram que é o Papa que dá licença para isso.

– Ah! Esse Papa diz que é senhor do domínio dos reis.

– Mas qual é a profissão dos senhores?

– Somos, na maioria, tecelões e fabricantes.

– Se o Papa alega que é senhor dos tecidos e das fábricas, fazem muito bem em não reconhecê-lo; mas, quanto aos reis, isso é com eles; por que se metem os senhores em tais assuntos?

Um homenzinho de preto tomou então a palavra e expôs habilmente as queixas da companhia. Referiu-se com tanta energia à revogação do édito de Nantes, deplorou de modo tão patético a sorte de cinquenta mil famílias fugitivas e de cinquenta mil outras convertidas pelos dragões, que o Ingênuo por sua vez desatou em pranto.

– Como se explica então – dizia ele – que tão grande rei, cuja glória se estende até os hurões, se prive de tantos corações que poderiam amá-lo e de tantos braços que poderiam servi-lo?

– É que o enganaram, como aos outros grandes reis. Convenceram-no de que, logo que dissesse uma palavra, todos os homens pensariam como ele, e que nos faria mudar de religião como o seu músico Lulli muda em um instante os cenários de suas óperas. Não só perde ele quinhentos a seiscentos mil súditos muito úteis, como os faz inimigos seus; e o rei Guilherme, que é atualmente senhor da Inglaterra, constituiu vários regimentos desses mesmos franceses que poderiam combater por seu monarca. Tanto mais espantoso é esse desastre, porquanto o Papa reinante, a quem Luís XIV sacrifica parte do povo, é seu inimigo declarado. Vêm ambos mantendo, há nove anos, uma querela violenta, a qual atingiu a tais extremos, que a França pensou ver enfim quebrar-se o jugo que há tantos séculos a submete a esse estrangeiro, e que, principalmente não lhe mandaria mais dinheiro, o que é o primeiro móvel dos assuntos deste mundo. Parece, pois, evidente que enganaram a esse grande rei no tocante aos seus interesses e à extensão de seu poder, frustrando-lhe também a magnanimidade do coração.

O Ingênuo, cada vez mais impressionado, perguntou quais eram os franceses que assim enganavam um monarca tão caro aos hurões.

– São os jesuítas – responderam-lhe – e principalmente o padre de La Chaise, confessor de Sua Majestade. Esperemos que Deus os castigue um dia e que sejam caçados como agora nos caçam. Haverá desgraça igual à nossa? De toda parte, Mons. De Louvois nos envia jesuítas e dragões.

– Pois bem, senhores – replicou o Ingênuo, que não mais podia conter-se, – eu vou a Versalhes receber a devida recompensa a meus serviços; falarei a esse Mons. De Louvois; – disseram-me que é ele que dirige a guerra, de seu gabinete. Vou falar com o Rei e dar-lhe a conhecer a verdade; não há quem não termine por se render a essa evidência. Em breve estarei de volta para desposar a senhorita de St. Yves, e convido-os a todos para o casamento.

Aquela boa gente o tomou então por um grão-senhor que viajava incógnito. Alguns pensavam que fosse o bobo do Rei.

Havia entre os convivas um jesuíta disfarçado que servia de espião ao reverendo padre de La Chaise. Trazia-o a par de tudo, e o padre de La Chaise remetia as informações a Monsenhor de Louvois. O espião escreveu. O Ingênuo e a carta chegaram quase ao mesmo tempo em Versalhes.

9
CHEGADA DO INGÊNUO A VERSALHES. SUA RECEPÇÃO

O Ingênuo desceu no pátio das cozinhas reais. Pergunta aos portadores da liteira a que horas pode falar com o Rei. Os portadores riem-lhe na cara, como o fizera o almirante inglês. Ingênuo revidou como a este último; bateu-lhes. Quiseram dar-lhe o troco. E ia haver uma cena de sangue, quando passou um guarda do corpo, gentil-homem bretão, que dispersou a canalha.

– O senhor me parece um homem às direitas – lhe disse Ingênuo. – Sou sobrinho do prior de Nossa Senhora da Montanha; matei ingleses, venho falar ao rei.

O guarda, encantado de encontrar um bravo da sua província que não parecia a par dos usos da Corte, disse-lhe que não era assim que se falava com o rei, e que era preciso ser apresentado a monsenhor de Louvois.

– Pois bem, leve-me então a esse monsenhor de Louvois, que sem dúvida me conduzirá a sua Majestade.

– É ainda mais difícil – replicou o guarda – falar a monsenhor de Louvois do que a Sua Majestade. Mas vou conduzi-lo ao senhor Alexandre, primeiro oficial: é como falar ao ministro.

Vão pois a esse senhor Alexandre, e não podem ser admitidos; estava ele em conferência com uma dama da corte e dera ordens para que não deixassem entrar ninguém.

– Bem – disse o guarda, – ainda há remédio. Vamos ao primeiro oficial do senhor Alexandre: é como falar ao próprio senhor Alexandre.

O hurão, espantado, o acompanha; permanecem meia hora numa pequena sala de espera.

– Que quer dizer isso? – exclamou o Ingênuo. – Será que todos são invisíveis aqui? É mais fácil lutar na Bretanha contra ingleses do que encontrar em Versalhes as pessoas com quem se precisa falar.

Distraiu-se contando seus amores ao companheiro. Mas o guarda teve de ir a seus deveres. Prometeram encontrar-se no dia seguinte; e o Ingênuo ficou ainda outra meia hora na sala-de-espera, pensando na senhorita de St. Yves e na dificuldade de falar aos reis e aos oficiais.

Afinal o oficial apareceu.

– Senhor – disse-lhe o Ingênuo, – se eu tivesse esperado, para expulsar os ingleses, tanto tempo quanto me fez esperar por minha audiência, eles agora estariam assolando à vontade toda a Bretanha.

Tais palavras impressionaram o alto funcionário, que disse afinal ao bretão:

– Que. Quer o senhor?

– Recompensa – respondeu o outro. – Eis aqui as minhas credenciais.

E mostrou-lhe todos os certificados, O funcionário os leu e disse que provavelmente lhe concederiam permissão para comprar um posto de lugar-tenente.

– Como! Que eu dê dinheiro por haver rechaçado os ingleses?! Que eu pague o direito de expor a vida pelo senhor, enquanto o amigo dá tranquilamente as suas audiências?! Deixe-se de gracejos. Quero uma companhia de cavalaria gratuitamente. Quero que o Rei faça sair a senhorita de St. Yves do convento e me conceda a sua mão. Quero falar ao rei em favor de cinquenta mil famílias que pretendo devolver-lhe. Numa palavra, quero ser útil: que me empreguem e me promovam.

– E como se chama o senhor, que assim fala tão alto?

– Oh! Oh! – tornou o Ingênuo. – Não leu então os meus certificados? É assim que tratam a gente? Chamo-me Hércules de Kerkabon; sou batizado, paro no Quadrante Azul, e me queixarei do senhor a Sua Majestade.

O funcionário concluiu, como o pessoal de Saumur, que o Ingênuo não ia muito bem da cabeça, e não lhe deu maior atenção. Naquele mesmo dia, o reverendo padre La Chaise, confessor de Luís XIV, recebera a carta de seu espião que acusava Kerkabon de simpatizar com os huguenotes e ser contrário à orientação dos jesuítas. O senhor de Louvois, por seu lado, recebera uma carta do interrogativo bailio, na qual o Ingênuo era apresentado como um valdevinos que queria incendiar conventos e raptar donzelas.

Este, depois de passear pelos jardins de Versalhes, onde se aborreceu, depois de haver jantado como um hurão e como bretão, deitara-se na doce esperança de ver ao Rei no dia seguinte, de conseguir a mão da senhorita de St. Yves, de obter ao menos uma companhia de cavalaria e fazer cessar a perseguição contra os huguenotes. Embalava-se nesses fagueiros pensamentos, quando a polícia lhe penetrou no quarto. Apoderaram-se primeiro do seu fuzil de dois tiros e do seu grande sabre. Fizeram um inventário do seu dinheiro de bolso, e levaram-no para o castelo que o rei Carlos V, filho de João II, mandou construir nas proximidades da rua de Santo Antônio, à porta das Tournelles.

Qual não foi o espanto do Ingênuo, é coisa que deixo à vossa imaginação. Julgou, a princípio, que se tratava apenas de um sonho. E permaneceu em uma espécie de modorra. Depois, de súbito, acometido de um furor que lhe duplicava as forças, pega pela garganta dois de seus condutores que estavam com ele no carro, lança-os pela portinhola, atira-se por sua vez, arrastando o terceiro, que o queria deter. Tomba com o esforço, amarram-no fortemente, levam-no de novo para o veículo. "Eis – pensava ele – o que se ganha em expulsar os ingleses! Que não dirias tu, minha bela St. Yves, se me visses em tal estado?!"

Chegam enfim ao local de seu destino. Levam-no em silêncio para a cela onde devia ser encerrado, como um morto que carregam para o cemitério. A cela estava já ocupada por um velho solitário de Port-Royal, chamado Gordon, que há dois anos ali definhava. "Olhe! – disse a este o chefe dos esbirros. – Trago-lhe aqui um companheiro". E imediatamente baixaram os enormes ferrolhos da porta maciça, revestida de largas barras. Os cativos ficaram separados do universo inteiro.

10
O INGÊNUO ENCARCERADO NA BASTILHA COM UM JANSENISTA

Gordon era um velhote bem conservado e sereno, que sabia duas grandes coisas: suportar a adversidade e consolar os infelizes. Avançou com fisionomia aberta e compassiva para o seu companheiro, e disse-lhe, abraçando-o:

– Quem quer que sejas tu que vens partilhar do meu túmulo, fica certo de que sempre esquecerei a mim mesmo, para suavizar os teus tormentos no abismo infernal em que estamos mergulhados. Adoremos a Providência que para aqui nos trouxe, soframos em paz e esperemos.

Tais palavras causaram na alma do Ingênuo o efeito das Gotas da Inglaterra, que chamam um moribundo à vida e o fazem entreabrir os olhos espantados.

Após os primeiros cumprimentos, Gordon, sem o apressar a dizer-lhe a causa da sua desgraça, inspirou-lhe, pela brandura de suas palavras e esse interesse que têm um pelo outro dois infelizes, o desejo de abrir o coração e aliviar-se do fardo que o oprimia. Mas o Ingênuo não podia adivinhar o motivo da sua prisão: aquilo lhe parecia um efeito sem causa, e Gordon achava-se tão espantado quanto ele.

– É fora de dúvida – disse o jansenista ao hurão, que Deus deve ter grandes desígnios a teu respeito, pois te conduziu do lago Ontário à Inglaterra e à França, fez-te batizar na Bretanha, encerrando-te depois aqui, para salvação de tua alma.

– Palavra – retrucou o Ingênuo, – creio que foi apenas o diabo que se meteu no meu destino. Meus compatriotas da América jamais me tratariam com esta selvageria; eles não têm a mínima ideia disto.

Chamava-lhes selvagens; são, de fato, criaturas bastante grosseiras, ao passo que os homens daqui são uns refinados patifes. Sinto-me, na verdade, muito surpreso de ter vindo do outro mundo para ser trancafiado neste, em companhia de um padre; mas penso no prodigioso número de homens que partem de um hemisfério para serem mortos no outro, ou que naufragam em caminho e são devorados pelos peixes: não atino quais sejam os graciosos desígnios de Deus a respeito de toda essa gente.

– Alcançaram-lhes comida por um postigo. A conversação versou sobre a Providência, as cartas de prego, e sobre a arte de não sucumbir às desgraças a que todo homem se vê exposto neste mundo.

– Há dois anos que estou aqui – disse o velho, – sem outra consolação a não ser eu próprio e alguns livros; e até agora não tive um só momento de mau humor.

– Ah! O senhor não ama a sua madrinha, então' – exclamou o Ingênuo. – Mas se conhecesse, como eu, a senhorita de St. Yves, estaria no maior desespero.

A estas palavras, não pode conter as lágrimas, e sentiu-se então um pouco menos opresso.

– Mas por que será que as lágrimas aliviam? – observou ele. – Quer-me parecer que deveriam produzir efeito contrário.

– Meu filho, tudo em nós é de natureza física – disse o bom do velho. – Toda secreção faz bem ao corpo, e tudo o que o alivia, alivia a alma; nós somos as máquinas da Providência.

O Ingênuo que, como várias vezes o dissemos, tinha grande profundeza de espírito, refletiu muito sobre essa ideia, cuja semente dir-se-ia jazer-lhe na alma. Perguntou depois ao companheiro por que a sua máquina se achava há dois anos aprisionada.

– É devido à graça eficaz – respondeu Gordon. – Passo por jansenista: conheci Arnauld e Nicole; os jesuítas nos perseguiram. Nós cremos que o Papa não é mais que um vigário como qualquer outro, e foi por isso que o padre de La Chaise obteve do rei, seu penitente, a ordem de me arrebatarem, sem nenhuma formalidade legal, o mais precioso bem dos homens, a liberdade.

– Eis uma coisa bastante estranha – ponderou o Ingênuo; – todos os infelizes que tenho encontrado só o são por causa do Papa. E, quanto à sua graça eficaz, confesso que nada entendo; mas considero uma grande graça que Deus me tenha feito encontrar, na minha desventura, um homem como o senhor, que lança em minh'alma consolação de que eu me julgava incapaz.

Cada dia a conversação se tornava mais interessante e instrutiva. As almas dos dois cativos ligavam-se uma à outra. O velho sabia muito, e o jovem muito desejava aprender. Dentro em um mês, estava estudando geometria: devorava-a. Gordon lhe deu a ler a Física de Rohault, que ainda estava em moda, e ele teve o bom senso de ali só encontrar incertezas.

Leu depois o primeiro volume da Pesquisa da Verdade. Essa nova luz esclareceu-lhe multa coisa. "Como! – dizia ele. – A tal ponto nos enganam os nossos sentidos e a nossa imaginação!? Então os objetos não formam as nossas ideias e nem nós próprios as podemos arquitetar!?" Depois de ler o segundo volume, já não ficou tão satisfeito e concluiu que era mais fácil destruir que edificar.

O padre, espantado de que um jovem ignorante fizesse uma reflexão tão própria de almas experientes, teve em grande consideração o seu espírito e mais se afeiçoou ao companheiro.

– Este seu Malebranche – disse-lhe um dia o Ingênuo – me parece ter escrito a metade do livro com a razão, e a outra com a sua imaginação e os seus preconceitos.

Alguns dias depois, perguntou-lhe Gordon:

– Que pensas então da alma, da maneira como recebemos as nossas ideias, da nossa vontade, da graça, do livre arbítrio?

– Nada – respondeu o Ingênuo. – Se alguma cousa penso é que estamos sob o poder do Ser Eterno, como os astros e os elementos, que Ele faz tudo em nós, pequenas engrenagens que somos na imensa máquina de que Ele é a alma; que Ele exerce a sua ação por leis gerais e não com objetivos particulares; só isto me parece inteligível, o resto é para mim um abismo de trevas.

– Mas, meu filho, isso seria fazer de Deus autor do pecado.

– No entanto, meu padre, a sua graça eficaz também faria de Deus autor do pecado: pois é certo que todos aqueles a quem a sua graça seria recusada pecariam; e quem nos abandona ao mal não é autor do nosso mal?

Tal simplicidade embaraçava o bom do velho; ele próprio sentia os seus vãos esforços para safar-se do atoleiro e acumulava tantas palavras que pareciam ter sentido e não o tinham (no gênero da premonição física, por exemplo) que o Ingênuo chegava a sentir piedade. Tal questão evidentemente se ligava à origem do bem e do mal; e o pobre Gordon punha-se então a passar em revista o cofre de Pandora, o ovo de Orosmade furado por Arimânio, a inimizade entre Tífon e Osiris, e enfim o pecado original; e ambos corriam nessa noite profunda, sem jamais se encontrarem um ao outro. Mas afinal aquele romance da alma lhes desviava o espírito da contemplação da sua própria miséria; e, por um estranho encantamento, a multidão das calamidades esparsas no universo diminuía a sensação das suas penas: não ousavam queixar-se quando tudo sofria.

Mas, no descanso da noite, a imagem da bela St. Yves apagava no espírito de seu enamorado todas as ideias de metafísica e de moral. Ele acordava com os olhos úmidos de lágrimas. E o velho jansenista esquecia a sua graça eficaz e o abade de Saint Cyran e Jansenius, para consolar um jovem a quem supunha em pecado mortal.

Depois de lerem, de discutirem, tornavam a falar de suas aventuras; e depois de terem falado inutilmente sobre elas, punham-se a ler juntos ou separadamente. Cada vez mais se fortalecia o espírito do jovem. E iria muito longe em matemática, se não fossem as distrações que lhe causava a senhorita de St. Yves.

Leu livros de História, que o entristeceram. O mundo lhe pareceu demasiado mau e demasiado miserável. A História, com efeito, não é mais que o quadro dos crimes e das desgraças. A multidão de homens inocentes e pacíficos sempre se apaga nesse vasto cenário. Os principais papéis estão com os ambiciosos e os perversos. Parece que a História .só agrada como nos agrada a tragédia, que aborrece quando não é animada pelas paixões, os crimes, e os grandes infortúnios. E preciso armar a Clio de um punhal, como Melpômene.

Embora seja a história da França tão cheia de horrores como todas as outras, pareceu-lhe, no entanto, tão enfadonha no princípio, tão seca no meio, tão pequena enfim, mesmo no tempo de Henrique IV, tão desprovida sempre de grandes momentos, tão estranha a essas belas descobertas que ilustraram outras nações, que se via obrigado a lutar contra o tédio para ler todos aqueles detalhes de obscuras calamidades delimitadas num canto do mundo.

Gordon pensava como ele. Riam ambos de piedade ante aqueles soberanos de Fezensac, de Fezensaguet e de Astarac. Tal estudo, enfim, só aproveitaria aos herdeiros destes, se os tivessem. Os belos séculos da república romana deixaram-no por algum tempo indiferente ao resto da terra. O espetáculo da Roma vitoriosa e legisladora das nações ocupava-lhe a alma inteira. Arrebatava-se ao contemplar aquele povo que foi governado setecentos anos pelo entusiasmo da liberdade e da glória.

Assim se passavam os dias, as semanas, os meses; e ele até se julgaria feliz na morada do desespero, se não amasse.

Sua bondosa alma enternecia-se à lembrança do prior e da sensível Kerkabon. "Que pensarão eles – repetia seguidamente, – sem notícias minhas? Hão de julgar-me um ingrato". Esse pensamento atormentava-o; lamentava aqueles que o amavam, muito mais do que a si mesmo.

11
COMO O INGÊNUO DESENVOLVE O SEU ESPÍRITO

A leitura eleva a alma, e um amigo esclarecido a consola. O nosso cativo gozava dessas duas vantagens que antes não havia suspeitado. "Sinto-me tentado – disse ele – a crer nas metamorfoses, pois fui transformado de bruto em homem". Formou uma biblioteca escolhida, com parte de seu dinheiro de que lhe permitiam dispor. O amigo o induziu a deitar por escrito as suas reflexões. Eis o que escreveu sobre a história antiga:

"Imagino que as nações foram por muito tempo como eu: só se instruíram muito tarde e, durante séculos, só se ocuparam do momento presente, muito pouco do passado, e jamais do futuro. Percorri quinhentas ou seiscentas léguas do Canadá, sem encontrar um único monumento; ninguém, por lá, sabe o que fez seu bisavô. Não será esse o estado natural do homem? A espécie que habita este continente parece-me superior à do outro. Há séculos vem ela ampliando o seu espírito, por intermédio das artes e dos conhecimentos. Será porque têm eles barba no queixo e Deus a recusou aos americanos? Não o creio, pois vejo que os chineses quase não têm barba e cultivam as artes há mais de cinco mil anos. E, se possuem quarenta séculos de anais,– é forçoso que a nação já estivesse unida e florescente há cinquenta mil anos.

O que principalmente me impressiona na história antiga da China, é que tudo nela é verossímil e natural. O que mais me admira é que nada tenha de maravilhoso.

Por que será que todas as nações se atribuíram origens fabulosas? Os antigos cronistas da história de França, que não são antigos, fazem provir os franceses de um Francus, filho de Heitor. Diziam-se os romanos descendentes de um frígio, embora não houvesse na sua língua uma única palavra que tivesse a mais remota. relação com a língua frígia. Os deuses haviam habitado dez mil anos no Egito e os diabos na Cítia, onde haviam engendrado os hurões. Antes de Tucidides, não vejo senão romanos semelhantes aos Amadis, e muito menos divertidos. São, por toda parte, aparições, oráculos, prodígios, sortilégios, metamorfoses, sonhos interpretados, e que ditam o destino dos maiores Impérios e dos menores Estados: aqui animais que falam, ali animais que são adorados, deuses transformados em homens e homens transformados em deuses. Ah! se é necessário que haja fábulas, que estas pelo menos sejam o emblema da verdade Amo as fábulas dos filósofos, rio com as das crianças, odeio a dos impostores".

Veio-lhe um dia às mãos uma história do imperador Justiniano. Lia-se ali que os apedeutas de Constantinopla haviam baixado, em péssimo grego, um édito contra o maior capitão do século, porque este herói pronunciara as seguintes palavras, no calor da discussão: A verdade brilha com a sua própria luz, e não se alumiam os espíritos com as chamas das fogueiras. Asseveraram os apedeutas que tal proposição era herética, ou cheirava a heresia, e que o axioma contrário era católico, universal e grego: Só se alumiam os espíritos com a chama das fogueiras, e a verdade não pode brilhar com luz própria. Assim, condenaram os referidos linóstolos várias frases do capitão, e baixaram um édito.

– Como! – exclamou o Ingênuo. – Essa gente a baixar éditos?!

– Não eram éditos – replicou Gordon, – eram contraéditos, de que todo o mundo ria em Constantinopla, a começar pelo imperador: era este um sábio príncipe que soubera reduzir os apedeutas linóstolos a mão fazerem senão o bem. Sabia que esses senhores e vários outros pastóforos haviam esgotado a paciência de seus predecessores, à força de contraéditos, em matéria mais grave.

– Fez muito bem – disse o Ingênuo. – Cumpre apoiar os pastóforon e contê-los.

Pôs por escrito muitas – outras reflexões que espantaram o velho Gordon. "Consumi cinquenta anos em instruir-me – dizia ele consigo – e teimo não poder atingir o natural bom senso deste menino quase selvagem! Parece-me que apenas consegui fortalecer laboriosamente os preconceitos, ao passo que ele só escuta a simples natureza".

Tinha ele alguns desses opúsculos de crítica, dessas brochuras periódicas onde homens incapazes de produzir o quer que seja denigrem as produções dos outros, onde os Visé insultam os Racine, e os Faydit os Fénelon. O Ingênuo percorreu alguns desses livrecos. "Comparo-os – dizia ele – a certas moscas que vão desovar no traseiro dos mais belos cavalos: isso não os impede de correrem". Os dois filósofos mal se dignaram a lançar os olhos sobre esses excrementos da literatura.

Leram juntos os elementos da astronomia; o Ingênuo mandou buscar esferas: aquele grande espetáculo o transportava.

– Como é duro – dizia ele – só começar a conhecer o céu depois que me arrebataram o direito de o contemplar! Júpiter e Saturno rolam nesses espaços imensos; milhões de sois iluminam miríades de mundos; e, na porção de terra onde fui lançado, existem seres que me privam, a mim, ser vidente e pensante, de todos esses mundos que a minha vista poderia atingir, e daquele onde Deus me fez nascer! A luz feita para todo o universo está perdida para mim. Não me ocultavam no horizonte setentrional onde passei a infância e a juventude. Sem ti, meu querido Gordon, eu estaria aqui no vácuo.

12
O QUE PENSA O INGÊNUO DAS PEÇAS DE TEATRO

Assemelhava-se o Ingênuo a uma dessas árvores vigorosas que, nascidas num solo ingrato, distendem em pouco tempo az raízes e os ramos quando transportadas para terreno favorável; e era bastante estranho que esse terreno fosse uma prisão.

Entre os livros que ocupavam os lazeres dos dois cativos, havia poesias, traduções de tragédias gregas, e algumas peças do teatro francês. Os versos que falavam de amor encheram, ao mesmo tempo, a alma do Ingênuo, de prazer e sofrimento.

Todos lhe falavam da sua querida St. Yves. À fábula dos Dois Pombos cortou-lhe o coração: bem longe estava ele de poder regressar a seu pombal.

Moliere encantou-o. Fazia-lhe conhecer os costumes de Paris e do gênero humano. – Qual das suas comédias preferes?

– O Tartufo, sem dúvida alguma.

– Penso o mesmo – disse Gordon. – Foi um tartufo quem me meteu neste calabouço e talvez sejam uns tartufos os que te desgraçaram.

– E que achas dessas tragédias gregas?

– Boas para os gregos – respondeu o Ingênuo.

Mas quando leu a Ifigênia moderna, Pedra, Andrômaca, Atalia, ficou num verdadeiro êxtase, suspirou, chorou, decorava-as sem querer.

– Lê Rodogune – recomendou-lhe Gordon. – Dizem que é a obra-prima do teatro; as outras peças, que tanto prazer te causaram, nada são comparadas com ela.

O jovem, logo à. primeira página, lhe disse:

– Isto não é do mesmo autor.

– Como o descobriste?

– Ainda não sei. Mas estes versos não me tocam nem o ouvido nem o coração. – Oh! os versos não importam – observou Gordon.

– Para que então fazê-los? – retrucou o Ingênuo.

Depois de ter lido atentamente a peça, sem outro fim que o de sentir prazer, fitava o amigo com os olhos secos e espantados, sem saber o que dissesse. Mas, instado a dizer o que experimentara, assim respondeu:

– Do começo, nada entendo; o meio deixou-me revoltado; a última cena comoveu-me, embora me parecesse pouco verossímil; não me interessei por ninguém e não retive nem vinte versos, eu que os retenho todos, quando me agradam.

E no entanto, esta peça é considerada a melhor que nós possuímos.

– Se assim é – replicou ele, – talvez seja como muitas pessoas que não merecem o seu lugar. Afinal de contas, é uma questão de gosto; com certeza o meu ainda não está formado; pode ser que me engane; mas bem sabes que costumo dizer o que penso, ou antes, o que sinto. Nos juízos dos homens, há muito de ilusão, de moda, ou de capricho, creio eu. Falei segundo a natureza: pode ser que em mim a natureza se mostre muito imperfeita; mas também pode ser que ela seja às vezes pouco consultada pela maioria dos homens.

Pôs-se então a recitar versos de Ifigênia e, embora não declamasse bem, emprestou-lhe tanta verdade e unção, que fez chorar o velho jansenista. Em seguida leu Cinna: não chorou, mas admirou.

13
A BELA ST. YVES VAI A VERSALHES

Enquanto o nosso desgraçado mais se esclarecia do que se consolava; enquanto o seu gênio, por tanto tempo abafado, se desenvolvia com tamanha rapidez e força; enquanto a natureza, que nele se aperfeiçoava, o vingava dos ultrajes da fortuna, que faziam o senhor prior e a sua boa irmã, e a bela reclusa St. Yves? No primeiro mês, inquietaram-se, e no terceiro estavam mergulhados no desespero: alarmavam-nos falsas conjeturas e rumores sem fundamento; ao cabo de seis meses, estavam convencidos da morte do Ingênuo. Afinal, por uma velha carta de um guarda real, o senhor e a senhorita de Kerkabon vieram a saber que um jovem parecido com o Ingênuo chegara uma tarde a Versalhes, mas fora detido à noite, e desde então ninguém mais ouvira falar nele.

– Ai! – suspirou a senhorita Kerkabon, – vai ver que o nosso sobrinho fez alguma tolice e está pagando por isso! É jovem, é bretão, não pode saber como se comportar na. Corte. Meu querido irmão, não conheço Versalhes nem Paris; eis uma bela ocasião, e talvez encontremos o nosso pobre sobrinho; é filho do nosso irmão, e o nosso dever é socorrê-lo. Quem sabe se não poderemos afinal fazê-lo subdiácono, depois que se houver apaziguado o ardor da juventude? Tinha bastante inclinação para as ciências. Não te lembras como ele discorria sobre o Velho e o Novo Testamento? Somos responsáveis por sua alma; fomos nós que o batizamos; e a sua querida St. Yves passa o dia a chorá-lo. Na verdade, temos de ir a Paris. Se ele está escondido nalguma dessas casas alegres de que tanto me falaram, de lá o tiraremos.

O prior comoveu-se com as palavras da irmã. Foi falar com o bispo de Saint-Malo, que batizara o hurão, e pediu-lhe proteção e conselho. O prelado aprovou a viagem. Deu-lhe cartas de recomendação para o padre de La Chaise, confessor do rei, que era a mais alta dignidade do reino, para o arcebispo de Paris, Harlay, e para o bispo de Meaux, Bossuet.

Afinal os dois irmãos partiram; mas, chegados em Paris, viram-se perdidos como num vasto labirinto. Suas posses eram medíocres; todos os dias necessitavam de carros para sair à descoberta, e não descobriam coisa alguma.

O prior foi apresentar-se ao reverendo padre de La Chaise: achava-se este com a senhorita Du Thron, e não podia dar audiência a priores. Foi bater à porta do arcebispo; achava-se este encerrado com a bela senhora le Lesdiguières, tratando de assuntos da Igreja. Correu à casa de campo do bispo de Meaux: este examinava, com a senhorita de Mauléon, o amor místico da senhora Guyon.

No entanto, chegou a fazer-se ouvir pelos dois últimos prelados, que lhe declararam nada poderem fazer pelo seu sobrinho, visto não ser este subdiácono.

Até que conseguiu avistar-se com o jesuíta: este o recebeu de braços abertos, protestando que sempre lhe dedicara particular estima, embora jamais o tivesse visto. Jurou que a Sociedade dos Jesuítas sempre fora muito ligada aos bretões.

– Mas – acrescentou ele, – será. que o seu sobrinho não tem a desgraça de ser huguenote? – Certamente que não, Reverendo Padre.

– E não será jansenista?

– Posso assegurar a Vossa Reverendíssima que é cristão recente. Faz uns onze meses que o batizamos.

– Muito bem, muito bem, nós nos ocuparemos dele. E os seus honorários, senhor prior, são consideráveis?

– Oh, pouca coisa! E o meu sobrinho me sai muito caro.

– E há alguns jansenistas pela vizinhança? Tome cuidado, meu caro prior, eles são mais perigosos que os huguenotes e os ateus.

– Não há nenhum, Reverendo. Nem se sabe o que é jansenismo em Nossa Senhora da Montanha. – Tanto melhor; pode ir, e esteja certo de que não há nada que eu não faça pelo senhor. Despediu afetuosamente o prior e não pensou mais no caso.

Corria o tempo, e o prior e a boa irmã se desesperavam.

Entrementes, o maldito bailio apressava o casamento do palerma do filho com a bela St. Yves, que tinham feito sair expressamente do convento. Continuava a amar o seu afilhado tanto quanto detestava o marido que lhe ofereciam. A afronta de ter sido recolhida a um convento aumentava a sua paixão, que a ordem de desposar o filho do bailio elevava ao cúmulo. O pesar, a ternura e o horror lhe abalavam a alma, O amor, como se sabe, é muito mais engenhoso e ousado em uma donzela do que a amizade em um velho prior e uma tia passante dos quarenta e cinco. De resto, formara o espírito no convento, com os romances que lera às escondidas.

A bela St. Yves lembrava-se da carta que um guarda escrevera para a Baixa-Bretanha e da qual muito se havia falado. Resolveu ir pessoalmente obter informações em Versalhes, lançar-se aos pés dos ministros se o Ingênuo estivesse preso, como lhe diziam, e alcançar justiça para ele, Não sei que secreto sentimento a advertia de que na Corte não se recusa nada a uma bela moça. Não sabia, porém, o que isso custava.

Tomada essa resolução, ela se mostra conformada, tranquiliza-se, não mais evita o lorpa do noivo; acolhe o detestável sogro, acaricia o irmão, espalha alegria pela casa; depois, no dia destinado à cerimônia, parte secretamente às quatro da madrugada com os seus presentes de núpcias e tudo o que pode juntar. Tão bem tomara as suas providências, que estava já a dez léguas quando entraram no seu quarto, por volta do meio dia. Imagine-se qual não foi a surpresa e consternação! O interrogativo bailio fez naquele dia mais perguntas do que em toda a semana; o noivo ficou mais tolo do que nunca. O abade de St. Yves, encolerizado, tomou a resolução de partir em busca da irmã. O bailio e o filho decidiram acompanhá-lo. Destarte conduzia o Destino a Paris quase todo aquele cantão da Bretanha.

Bem desconfiava a bela St. Yves de que a estavam seguindo; informava-se discretamente com os correios se não haviam encontrado um gordo abade, um enorme. bailio e um jovem palerma, a caminho de Paris Tendo sabido, no terceiro dia, que estes não se achavam longe, tomou um caminho diferente, tendo a habilidade e a sorte de chegar em Versalhes enquanto a procuravam inutilmente em Paris.

Mas como conduzir-se em Versalhes? Jovem, bela, sem conselho, sem apoio, desconhecida, exposta a tudo, como atrever-se a procurar um guarda do rei? Pensou em dirigir-se a um jesuíta de baixa categoria; havia-os para todas as condições da vida, tal como Deus, diziam eles, dera diferentes alimentos às diversas espécies de animais. Dera ao rei o seu confessor, a quem todos os solicitadores de benefícios chamavam o chefe da igreja galicana; em seguida vinham os confessores das princesas; os ministros não os tinham: não eram tolos para isso. Havia os jesuítas do vulgo, e principalmente os jesuítas das criadas de quarto, pelas quais se sabiam os segredos das patroas, e que não era pequeno cargo. A bela St. Yves dirigiu-se a um destes últimos, que se chamava o padre Tout-à-tous. Confessou-se a ele, expôs-lhe suas aventuras, seu estado, seu perigo, conjurando-o a alojá-la em casa de alguma boa devota, que a pusesse a abrigo das tentações.

O padre Tout-à-tous a acomodou na casa da mulher de um oficial da copa, uma das suas mais fiéis penitentes. Logo de chegada, apressou-se em ganhar a confiança e amizade dessa mulher; informou-se acerca do guarda bretão, a quem mandou chamar. Tendo sabido por ele que o seu amado fora preso depois de falar com um primeiro secretário, dirigiu-se à casa deste: a vista de uma bela mulher o abrandou, pois cumpre confessar que Deus só criou as mulheres para domesticarem os homens. O funcionário, enternecido, confessou-lhe tudo.

– O seu enamorado está na Bastilha há cerca de um ano, e, se não fosse a senhorita, ele talvez ficasse por lá toda a vida.

A sensível St. Yves desmaiou. Quando voltou a si, disse-lhe o funcionário:

– Não tenho atribuições para fazer o bem. Todo o meu poder se limita a fazer o mal algumas vezes. Vá ter com o senhor de Saint Pouange, que faz o bem e o mal, e é primo e favorito de monsenhor de Louvois. Esse ministro tem duas almas: o senhor de St. Pouange é uma delas; a senhora Du Beloy, a outra; mas esta não se acha agora em Versalhes; só lhe resta o protetor que lhe indico.

A bela St. Yves, dividida entre um pouco de alegria e pesares extremos, entre algumas esperanças e tristes receios, perseguida pelo irmão, sempre adorando o seu amado, enxugando as lágrimas e vertendo-as de novo, trêmula, desencorajada e dali a pouco cheia de ânimo, assim correu a falar com o senhor de St. Pouange.

14
PROGRESSOS DO ESPÍRITO DO INGÊNUO

O Ingênuo fazia rápidos progressos nas ciências, e sobretudo na ciência do homem. Esse rápido desenvolvimento de seu espírito era devido quase tanto à sua educação selvagem como à têmpera de sua alma. Pois, nada tendo aprendido na infância, não aprendera preconceitos. E seu entendimento, não tendo sido curvado pelo erro, permanecera em toda a sua retidão. Via as coisas como são, ao passo que as ideias que nos inculcam na infância fazem com que as vejamos, durante toda a vida, como não são.

– Teus perseguidores são abomináveis – dizia ele a seu amigo Gordon. – Lamento que te oprimam, mas também lamento que sejas jansenista. Toda seita me parece uma condição de erro. Há, por acaso, seitas em geometria?

– Não, meu filho – disse-lhe, suspirando, o bom Gordon; – todos os homens estão de acordo sobre a verdade quando ela é demonstrada, mas acham-se muito divididos quanto às verdades obscuras.

Seria melhor dizer "as falsidades obscuras" Se houvesse uma única verdade oculta nesse montão de argumentos que se repisam há tantos séculos, sem dúvida a teriam descoberto; e, ao menos nesse ponto, o universo estaria de acordo. Se essa verdade fosse necessária como o sol o é à terra, seria brilhante como ele. É um absurdo, é um ultraje ao gênero humano, é um atentado contra o Ser Infinito e Supremo dizer: "Há uma verdade essencial ao homem, e Deus a ocultou". Tudo o que dizia o jovem ignorante, instruído pela natureza, causava profunda impressão no espírito do velho sábio infortunado.

Será mesmo verdade – exclamou ele – que eu me haja desgraçado por causa de quimeras? Tenho muito mais certeza do meu infortúnio do que da graça eficaz. Consumi meus dias a raciocinar sobre a liberdade de Deus e do gênero humano, e perdi a minha; nem Santo Agostinho nem S. Próspero me tirarão do abismo onde estou.

O Ingênuo, entregue a seu gênio, disse enfim:

-.Queres que eu te fale com ousada confiança? Os que se deixam perseguir por essas vis disputas escolásticas me parecem pouco sensatos; os que os perseguem me parecem monstros.

Os cativos estavam ambos de acordo sobre a injustiça de seu cativeiro.

-.Sou mil vezes mais digno de lástima – dizia o Ingênuo. – Nasci livre como o ar; tinha duas vidas, a liberdade e o objeto do meu amor: e ambas me são tiradas. Eis-nos os dois a ferros, sem saber o motivo e sem poder perguntá-lo. Vinte anos vivi como os hurões; dizem que são bárbaros porque se vinguem de seus inimigos mas jamais oprimiram os seus amigos. Mal pus os pés em França, verti meu sangue por ela; salvei talvez uma província e, como recompensa, fui metido neste túmulo de vivos, onde teria morrido de desespero, se não fosses tu. Então não há leis neste país?! Condenam os homens sem ouvi-los?! Na Inglaterra não é assim. Ah! não era contra os ingleses que eu deveria bater-me!

Assim a nascente filosofia era incapaz de dominar a natureza ultrajada no primeiro dos seus direitos, deixando livre curso à sua justa cólera.

Seu companheiro não o contradisse. A ausência sempre aumenta o amor que não é satisfeito, e a filosofia não o diminui. Seguidamente falava ele da sua querida St. Yves, tanto quanto de moral e metafísica. Quanto mais se depuravam seus sentimentos, mais ele amava. Leu alguns novos romances; poucos achou que lhe pintassem o seu estado d'alma. Sentia que o seu coração ia sempre além do que lia. "Ah! – dizia ele. – Quase todos esses autores apenas têm espírito e arte."

E o bom do padre jansenista insensivelmente se ia tornando confidente do seu amor. Antes, só conhecia o amor como um pecado de que a gente se acusa em confissão. Aprendeu a conhecê-lo como um sentimento tão nobre quão delicado, que pode elevar a alma tanto quanto enlanguescê-la e que, algumas vezes, até produz virtudes.

Enfim, para derradeiro prodígio, um hurão convertia um jansenista.

15
A BELA ST. YVES RESISTE A PROPOSTAS DELICADAS

A bela St. Yves, mais apaixonada ainda que o seu namorado, foi ter com o senhor de St. Pouange, em companhia da amiga que a hospedava, ambas ocultas nos seus chales. A primeira pessoa que viu à porta foi o abade de St. Yves, seu irmão, que se retirava. Assustou-se, mas a devota amiga tranquilizou-a.

– Exatamente porque falaram contra ti é que é preciso que fales. Fica certa de que neste país os acusadores têm sempre razão se a gente não se apressa em confundi-los. De resto, ou eu me engano muito ou a tua presença causará maior efeito que as palavras de teu irmão.

Por pouco que a gente a encoraje, uma mulher que ama sabe ser intrépida. A St. Yves apresenta-se à audiência. Sua juventude, seus encantos, seus brandos olhos, umedecidos de algumas lágrimas, atraíram todos os olhares. Cada cortesão do subministro esqueceu por um momento o ídolo do poder para contemplar o da beleza. St. Pouange fê-la entrar num gabinete; ela falou com emoção e graça. St. Pouange sentiu-se comovido. Ela tremia, ele tranquilizou-a.

– Volte esta noite – disse-lhe ele. – Seus assuntos merecem um demorado exame. Aqui há muita gente. As audiências são despachadas muito às pressas. Tenho de lhe falar a fundo de tudo o que lhe toca. E depois de elogiar-lhe a beleza e os sentimentos, recomendou-lhe que voltasse às sete horas da noite.

Não faltou à entrevista; a devota amiga também a acompanhou desta vez, mas conservou-se na sala, a ler Le Pédagogue Chrétien, enquanto St. Pouange e a. bela St. Yves se achavam no gabinete contíguo.

– Acredita que o seu irmão me veio pedir uma carta-de--prego contra a senhorita? Eu de bom grado expediria uma para mandá-lo de volta à Bretanha.

– Ah, Senhor! Muito liberal deve ser o governo em cartas--de-prego, para que as venham solicitar do fundo do reino, como pensões. Longe estou de pedir uma contra meu irmão. Tenho muitas queixas dele, mas respeito a liberdade dos homens; peço a de um homem a quem quero desposar, de um homem a quem deve o Rei a conservação de uma província, que pode servi-lo utilmente e que é filho de um oficial morto a seu serviço. De que é ele acusado? Como o puderam tratar tão cruelmente, sem ouvi-lo?

Mostrou-lhe então o subministro a carta do jesuíta espião e a do pérfido bailio.

Como! Há tais monstros na terra? E querem obrigar-me a desposar o ridículo filho de um homem ridículo e mau?! E é sob tais informes que se decidem aqui os destinos dos cidadãos?!

Lançou-se de joelhos, pediu entre soluços a liberdade do bravo que a adorava. Seus atrativos, naquele estado, se evidenciaram com maior encanto. Tão bela estava, que St. Pouange, perdendo qualquer escrúpulo, insinuou-lhe que ela havia de conseguir tudo se começasse por lhe dar as primícias do que reservava a seu noivo. A St. Yves, aterrada e confusa, fingiu muito tempo não o compreender; foi preciso explicar-se mais claramente. Uma frase largada a princípio com certa reserva, provocava outra mais forte, seguida de uma terceira mais expressiva. Não apenas a revogação da carta-de-prego lhe foi oferecida, mas recompensas, dinheiro, honrarias, posições. E, quanto mais ele prometia, mais aumentava o desejo de não ser recusado.

A St. Yves chorava, arquejante, meio tombada num sofá, mal acreditando no que via e no que ouvia. St. Pouange, por sua vez, lançou-se-lhe aos pés. Atrativos não lhe faltavam, e bem poderia não espantar um coração menos prevenido. Mas St. Yves adorava o seu amado e julgava um crime horrível traí-lo para o servir. St. Pouange redobrava os rogos e promessas. Afinal tresvariou a ponto de declarar que era aquele o único meio de tirar da prisão o homem pelo qual tomava ela tão violento e apaixonado interesse. A estranha entrevista prolongava-se indefinidamente. A devota da antecâmara, lendo o seu Pédagogue Chrétien, pensava: "Meu Deus! Que podem eles estar fazendo há duas horas? Nunca monsenhor de St. Pouange me deu tão longa audiência; com certeza ele recusou tudo a essa pobre moça, visto que até agora ela lhe está rogando".

Enfim a sua companheira saiu do gabinete, desvairada, sem poder falar, a refletir profundamente sobre o caráter dos grandes e dos semigrandes que tão levianamente sacrificam a liberdade dos homens e a honra das mulheres.

Não disse palavra durante todo o caminho. Chegada à casa da amiga, desabafou e contou-lhe tudo. A devota fez grandes sinais da cruz.

– Minha querida, devemos consultar amanhã o padre Tout-à-tous, nosso diretor; goza de muito crédito junto ao senhor de St. Pouange; confessa várias criadas de sua casa; é um homem pio e complacente, que também dirige damas de qualidade.

Abandona-te a ele, é assim que faço; e sempre me dei muito bem com isso. Nós, pobres mulheres, temos necessidade de ser conduzidas por um homem.

– Pois bem, minha querida amiga, irei amanhã falar com o padre Tout-à-tous.

16
ELA CONSULTA UM JESUÍTA

Logo que a bela e consternada St. Yves se viu com o seu bom confessor, contou-lhe que um homem poderoso e lúbrico lhe propunha tirar da prisão aquele a quem ela deveria desposar legitimamente, e que lhe pedia um alto preço pelo seu serviço; que tal infidelidade lhe causava tremenda repugnância e que, se apenas se tratasse da sua própria vida, preferiria perdê-la a sucumbir.

– Que abominável pecador! – exclamou o padre Tout-à--tous. – Deve dizer-me o nome desse vilão; é sem dúvida algum jansenista; eu o denunciarei a Sua Reverendíssima o padre de La Chaise, que o mandará meter no calabouço onde se acha agora a amável criatura que a senhorita deve desposar. A pobre moça, depois de longo embaraço e muitas hesitações, revelou enfim o nome de St. Pouange.

– Monsenhor de St. Pouange! – exclamou o jesuíta. – Ah, minha filha, isso é outra coisa; ele é primo do maior ministro que jamais tivemos, homem de bem, protetor da boa causa, bom cristão; não pode ter tido tal pensamento: com certeza a senhorita compreendeu mal.

– Ah, meu padre, entendi muito bem! Qualquer coisa que eu faça, estou perdida; só tenho a escolher entre a desgraça e a vergonha; ou o meu noivo permanecerá enterrado vivo ou eu me tornarei indigna de viver. Não posso deixá-lo perecer, e não posso salvá-lo.

O padre Tout-à-tous tratou de acalmá-la com estas doces palavras:

– Primeiramente, minha filha, nunca diga meu noivo; tem qualquer coisa de mundano, que poderia ofender a Deus. Diga meu esposo, pois, embora ainda o não seja, considera-o como tal, e nada é mais decente.

Por outro lado, embora seja ele seu esposo em pensamento, em esperança, não o é de fato: e assim não cometeria adultério, pecado enorme que cumpre sempre evitar na medida do possível.

Em terceiro lugar, as ações não têm malícia de culpa quando a intenção é pura.

Por último, existem na santa antiguidade alguns exemplos que servem à maravilha para nortear seu procedimento. Refere Santo Agostinho que, sob o pró-consulado de Septimius Acindynus, no ano 340 da nossa salvação, um pobre homem, não podendo pagar a César o que pertencia a César, foi condenado à morte, como é justo, apesar da máxima: Onde não há nada, o rei perde os seus direitos. Tratava-se de uma libra de ouro. Tinha o réu uma esposa a quem Deus aquinhoara com a beleza e a prudência. Um velho ricaço prometeu dar-lhe uma libra de ouro, e até mais, sob a condição de praticar com ela o pecado imundo. A dama não julgou que fizesse mal nenhum em salvar a vida. ao marido. Santo Agostinho encarece grandemente a sua generosa resignação. É verdade que o velho ricaço a enganou e talvez o marido não tenha deixado de ir para a forca; mas a esposa fizera tudo o que estava a seu alcance para salvar-lhe a vida. Esteja certa, minha filha, de que, quando um jesuíta chega a citar-lhe Santo Agostinho, é que esse santo está mesmo com a razão. Não lhe aconselho nada; juízo não lhe falta; é de presumir que saberá ser útil a seu esposo. Monsenhor de St. Pouange é um homem honrado, não a enganará; é o mais que lhe posso dizer; rezarei pela senhorita, e espero que tudo se passará para maior glória de Deus.

A bela St. Yves, não menos estarrecida com estas palavras do que com as propostas do subministro, voltou completamente desnorteada para junto da amiga. Sentia-se tentada a livrar-se, pela morte, do horror de deixar num horrendo cativeiro aquele a quem adorava, e da vergonha de o libertar à custa do que ela possuía de mais caro e que só devia pertencer àquele desgraçado amante.

17
ELA SUCUMBE POR VIRTUDE

Pedia à amiga que a matasse; mas esta mulher, não menos indulgente que o jesuíta, falou-lhe ainda com mais clareza.

– Ai! – suspirou ela. – Os negócios não se arranjam de outra maneira nesta Corte tão amável, tão galante e afamada. Os lugares mais medíocres, e os mais consideráveis, muitas vezes não foram concedidos senão pelo preço que exigem de ti. Escuta, tu me inspiraste amizade e confiança; pois confesso-te que, se me houvesse mostrado tão difícil como tu, meu marido não teria o pequeno cargo de que vive; ele bem o sabe e, longe de se agastar com isso, vê em mim a sua benfeitora e considera-se criatura minha. Pensas que todos aqueles que estiveram à testa das províncias, ou mesmo dos exércitos, tenham devido as honrarias e a fortuna unicamente a seus serviços? Há os que o devem às senhoras suas esposas. As dignidades da guerra foram solicitadas pelo amor; e o lugar concedido ao esposo da mais bela. Tu estás em uma situação muito mais interessante: o fim é libertares teu noivo e desposá-lo; trata-se de um dever sagrado a que não podes faltar. Ninguém censurou as belas e grandes damas de quem te falo; a ti, hão de aplaudir-te e dirão que só te permitiste uma fraqueza por excesso de virtude.

– Ah! que virtude! – exclamou a bela. St. Yves. – Que labirinto de iniquidades! Que país! E como aprendo a conhecer os homens! Um padre de La Chaise e um bailio ridículo mandam meu noivo para a prisão; minha família me persegue; e só me estendem a mão, na desgraça, para desonrar-me. Um jesuíta perdeu a um bravo, outro jesuíta quer perder-me; estou cercada de armadilhas e aproxima-se o instante fatal! Devo matar-me, ou ir falar ao Rei. Eu me jogarei a seus pés quando ele passar para a missa ou para o teatro.

– Não deixarão que te aproximes dele – disse-lhe a boa amiga. – E, se tivesses a desgraça de falar, monsenhor de Louvois e o padre de La Chaise poderiam enterrar-te num convento para o resto da vida.

Enquanto a excelente criatura assim aumentava as perplexidades daquela alma em desespero e lhe afundava o punhal no coração, eis que chega um enviado do senhor de St. Pouange, com uma carta e dois belíssimos brincos. St. Yves recusou tudo, chorando, mas a amiga recebeu o presente e a carta.

Logo que o mensageiro partiu, a nossa confidente pôs-se a ler a carta, na qual são convidadas as duas amigas para uma pequena ceia, naquela mesma noite. St. Yves jura que não irá. A devota procura experimentar-lhe o par de brincos de diamante; St. Yves não o permite, e luta o dia inteiro.

Afinal, só tendo em vista o noivo, vencida, arrastada, sem saber aonde a levam, deixa-se conduzir à ceia fatal. Nada pudera fazer com que ela usasse os brincos; a confidente os levou consigo e ajustou-lhes contra a sua vontade antes que se sentassem à mesa. St. Yves estava tão confusa, tão perturbada, que se deixava atormentar; e o anfitrião tirava disso um excelente augúrio. Pelo fim da ceia, a amiga retirou-se discretamente. St. Pouange mostrou então a revogação da carta-de-prego, o certificado de uma considerável gratificação, o da concessão de uma companhia, e não poupou as mais belas promessas.

– Ah! – disse-lhe a St. Yves. – Como eu o estimaria se o senhor não quisesse ser tão estimado!

Afinal, após. uma longa resistência, e soluços, gritos, lágrimas, exausta da luta, alucinada, desfalecente, teve de render-se. Não teve outro recurso senão prometer a si mesma que só pensaria no Ingênuo enquanto o cruel desfrutasse impiedosamente da necessidade a que se via reduzida.

18
ELA LIBERTA O NOIVO E UM JANSENISTA

Ao clarear do dia, corre a Paris, munida da ordem do ministro. Difícil pintar o que lhe ia no coração durante aquela viagem. Imagine-se uma alma. virtuosa e nobre, humilhada com o seu opróbrio, embriagada de paixão, lacerada pelos remorsos de haver traído o seu amado, cheia da alegria de libertar aquele a quem adora. Suas amarguras, suas lutas, seu triunfo lhe partilhavam todas as reflexões. Não era mais aquela jovem simples a quem uma educação provinciana acanhara as ideias. O amor e a desgraça a tinham formado. Tantos progressos fizera nela o sentimento como os fizera a razão no espírito do seu desventurado noivo. As moças aprendem a sentir com muito mais facilidade do que os homens a pensar. A sua aventura era mais instrutiva que quatro anos de convento.

Seu traje era de extrema singeleza. Considerava com horror os adereços com que se apresentara a seu funesto benfeitor; deixara os brincos para a companheira, sem ao menos lançar-lhes um olhar. Confusa e encantada, idolatrando o Ingênuo e odiando a si mesma; chega enfim à porta

"Desse horrível castelo, palácio da vingança, Que frequentemente conteve o crime e a inocência."

Quando foi para descer da carruagem, faltavam-lhe as forças; tiveram de ajudá-la; ela entrou, com o coração palpitante, os olhos úmidos, a fisionomia consternada. Apresentam-na ao governador; ela quer falar-lhe, sua voz expira; mostra a sua ordem, articulando a custo algumas palavras. O governador, que estimava o prisioneiro, mostrou-se muito satisfeito com a liberação. Seu coração não estava endurecido como o de alguns honrados carcereiros seus confrades, que, só pensando nos proventos que lhe traz a guarda dos cativos, baseando as rendas nas suas vítimas e vivendo da desgraça alheia, sentiam em segredo uma horrenda alegria com as lágrimas dos desgraçados.

Mandou trazer o prisioneiro a seu gabinete. Os dois enamorados dão com os olhos um no outro e desmaiam. A bela St. Yves permaneceu longo tempo sem movimento e sem vida: o outro logo se refez.

– Pelo que vejo, é a senhora sua esposa – disse-lhe o – governador. – O senhor não me havia dito que era casado. Sei que é à sua generosa interferência que deve o senhor a liberdade.

– Ah! eu não sou digna de ser sua esposa – disse a bela St. Yves com voz trêmula, e desmaiou de novo.

Quando voltou a si, apresentou, sempre trêmula, o certificado da gratificação e a promessa, por escrito, de uma companhia. O Ingênuo, tão espantado como enternecido, despertava de um sonho para cair em outro.

– Por que fui encerrado aqui? Como pudeste libertar-me? Onde estão os monstros que me perseguiram? Tu és uma divindade baixada do céu em meu auxílio.

A bela St. Yves baixava o olhar, depois fitava o amado, enrubescia, e logo desviava os olhos úmidos de pranto. Contou-lhe afinal tudo o que sabia e tudo o que experimentara, exceto aquilo que desejaria ocultar a si mesma para sempre e que qualquer outro que não o Ingênuo, mais acostumado ao mundo e mais a par dos costumes da Corte, teria logo adivinhado.

– Será possível que um miserável como esse bailio tenha tido o poder de arrebatar-me a liberdade? Ah! bem vejo que com os homens acontece o mesmo que com os mais desprezíveis animais: todos podem causar dano. Mas será possível que um monge, um jesuíta confessor do rei, tenha contribuído para o meu infortúnio tanto quanto o bailio, sem que eu possa imaginar sob que pretexto me perseguiu esse detestável tratante? Fez-me passar por jansenista? E como te foste lembrar de mim? Eu não o merecia, eu não passava então de um selvagem. E pudeste, sem conselho, sem auxílio, ir até Versalhes! Lá apareceste, e quebram-se as minhas cadeias! Há, pois, na beleza e na virtude um invencível encanto que faz tombarem as portas de ferro e abrandarem os corações de bronze!

A esta palavra virtude, escaparam soluços à bela St. Yves. Não sabia o quanto era virtuosa no crime de que se acusava.

O Ingênuo assim continuou:

– Ó anjo que rompeste os meus grilhões, se tiveste bastante influência (o que eu ainda não compreendo) para obrigar a me fazerem justiça, intercede para que também a façam a um velho que me ensinou a pensar, como tu me ensinaste a amar. A desgraça nos uniu; estimo-o como a um pai; não posso viver sem ele, como não posso viver sem ti.

– Que eu vá. pedir ao mesmo homem que...!

– Sim, quero dever tudo a ti, e só a ti: escreve a esse homem poderoso, cumula-me de teus benefícios, termina o que começaste, completa os teus prodígios.

Sentia que devia fazer tudo quanto exigia o seu amado. Quis escrever, a mão não obedecia. Três vezes começou a carta, três vezes a rasgou. Afinal escreveu. E os dois noivos se retiraram após haver abraçado o velho mártir da graça eficaz.

A feliz e desolada St. Yves sabia onde morava o irmão; para lá se dirigiu; seu noivo tomou um apartamento na mesma casa.

Mal haviam chegado, seu protetor enviou-lhe a ordem de soltura de Gordon, e marcou-lhe encontro para o dia seguinte. Assim, a cada ação honesta e generosa que praticava, a desonra era o seu preço. Execrava esse costume de vender a desgraça e a felicidade dos homens. Entregou a ordem de soltura ao Ingênuo e recusou o encontro com um benfeitor com quem não mais poderia avistar-se sem morrer de dor e vergonha. O Ingênuo só poderia separar-se dela para ir libertar um amigo. Correu sem demora. E cumpriu esse dever, refletindo sobre os estranhos acontecimentos deste mundo e admirando a corajosa virtude de uma rapariga a quem dois infelizes deviam mais que a vida.

19
O INGÊNUO, A BELA ST. YVES E SEUS PARENTES SE REÚNEM

A generosa e respeitável infiel achava-se com o seu irmão, o padre de St. Yves, com o bom prior da Montanha e a dama de Kerkabon. Todos estavam igualmente espantados, mas bem diversos eram seus sentimentos e situações. O abade de St. Yves chorava suas culpas aos pés da irmã, que lhe perdoava.

O prior e sua terna irmã também choravam, mas de alegria. O maldito bailio e seu insuportável filho não perturbavam absolutamente a comovedora cena: tinham partido aos primeiros rumores da libertação do seu inimigo; corriam a sepultar na província a sua tolice e o seu temor.

Os quatro personagens, agitados de mil sentimentos diversos, esperavam que o jovem voltasse com o amigo a quem fora libertar. O abade de St. Yves não ousava erguer os olhos diante da irmã.

Tornarei a ver o meu querido sobrinho – dizia a boa Kerkabon.

– Há de revê-lo – respondeu-lhe – a encantadora St. Yves, – mas já não é o mesmo homem. Sua atitude, seu tom, suas ideias, seu espírito, tudo está mudado. Tornou-se tão respeitável quanto era simplório e estranho a tudo. Ele será a honra e o consolo da sua família; quem me dera sê-lo também da minha!

– Nem tu és tampouco a mesma – observou o prior. – Que foi que houve contigo para assim te causar tamanha mudança?

Em meio dessa conversa, chega o Ingênuo, trazendo pela mão o seu jansenista. A cena então adquire maior novidade e interesse. Começou pelos ternos abraços do tio e da tia.

O padre de St. Yves quase se lançara aos joelhos do Ingênuo, que não era mais o Ingênuo. Os dois enamorados falavam-se com olhares que exprimiam todos os sentimentos que os dominavam. Na face de um brilhava a satisfação, o reconhecimento; nos olhos de outro, ternos e preocupados, lia-se o embaraço. Espantavam-se do que ela pudesse mesclar desgosto a tanta alegria.

O velho Gordon se tornou em poucos momentos estimado de toda a família. Tinha sido infeliz com o jovem prisioneiro, e isso era um grande título. Devia ele sua libertação aos dois enamorados, e isto bastava para reconciliá-lo com o amor; abandonava-o a rigidez das antigas convicções; achava-se, como o hurão, transformado em homem. Cada um contou suas aventuras antes da ceia. Os dois padres e a tia escutavam como crianças que ouvem histórias de fantasmas, e como humanos que se interessavam todos por tantas desgraças.

– Há provavelmente – dizia Gordon – mais de quinhentas pessoas virtuosas que se acham agora nas mesmas cadeias que a senhorita de St. Yves quebrou: suas desgraças são desconhecidas. Encontram-se muitas mãos para bater na multidão dos infelizes, e raramente uma que os socorra.

Essa reflexão tão verdadeira lhe aumentava a sensibilidade e o reconhecimento; tudo encarecia a vitória da bela St. Yves; todos admiravam a magnitude e firmeza de sua alma.

À admiração juntava-se esse respeito que a gente, sem querer, dedica às pessoas com influência na Corte. Mas o abade de St. Yves pensava às vezes: "Que terá feito a minha irmã para conseguir tão depressa todo esse crédito?"

Iam sentar-se à mesa, quando chega a boa amiga de Versalhes, sem nada saber do que se passara. Vinha numa carruagem de seis cavalos, e bem se via a quem pertencia a equipagem. Entra com o ar imponente de uma pessoa de Corte que tem altas preocupações, saúda ligeiramente a companhia e, chamando à parte a bela St. Yves:

– Por que te fazes esperar assim? Acompanha-me. Eis os diamantes que esqueceste.

Não pode dizer tais palavras tão baixo que o Ingênuo as não ouvisse. Ele viu os diamantes. O irmão ficou embaraçado. O tio e a tia apenas experimentaram uma surpresa de boas criaturas que jamais haviam contemplado tal magnificência. O jovem, que amadurecera em um ano de reflexões, fê-las malgrado seu, e pareceu perturbar-se um momento. A St. Yves o percebeu; uma palidez mortal espalhou-se lhe no belo rosto; pôs-se a tremer, e mantinha-se a custo.

– Ah! disse ela à fatal amiga. – Tu me perdeste! – Tu me dás a morte!

Estas palavras traspassaram o coração do Ingênuo; mas já tinha aprendido a conter-se; nada disse, por medo de inquietar a noiva diante do irmão, mas empalideceu como ela.

A St. Yves, transtornada com a alteração que via no rosto do Ingênuo, arrasta a amiga para um corredor e atira-lhe os diamantes aos pés:

– Ah! não foram esses diamantes que me seduziram, tu bem o sabes; mas aquele que me deu nunca mais me tornará a ver.

Enquanto a amiga os recolhia, a St. Yves acrescentava:

– Ele que fique com os diamantes, ou os presenteie a ti; vai-te, não me faças ter ainda maior vergonha de mim mesma.

A embaixatriz retirou-se, sem compreender os remorsos de que era testemunha.

A bela St. Yves, opressa, doente, sufocada, foi obrigada a meter-se no leito. Mas, para não alarmar ninguém com o que sentia, e apenas pretextando cansaço, pediu licença para repousar, mas isso depois de haver tranquilizado a companhia com palavras afetuosas e dirigido ao amado olhares que lhe incendiavam o coração.

A ceia, que ela não animava, foi triste no princípio, mas dessa grave tristeza que induz a conversações atraentes e úteis, tão superiores a essa frívola alegria que todos procuram e que não passa, em geral, de um importuno rumor.

Gordon traçou em poucas palavras a história do jansenismo e do molinismo, das perseguições com que um partido afligia ao outro e da irredutibilidade de ambos. O Ingênuo fez-lhes a crítica e lamentou os homens que, não satisfeitos da discórdia que os seus interesses provocam, arranjam novos males procedentes de interesses quiméricos e ininteligíveis absurdos. Gordon narrava, o outro julgava; os convivas ouviam com emoção, esclarecendo-se de novas luzes. Falou-se da extensão de nossos infortúnios e da brevidade da vida. Observou-se que cada condição tem um vício e um perigo que lhe são peculiares, e que, desde o príncipe ao último dos mendigos, tudo parece acusar a natureza. Como se encontram tantos homens que, por tão pouco dinheiro, se tornam perseguidores, satélites, carrascos dos outros homens? Com que inumana indiferença um homem de posição assina o aniquilamento de uma família, e com que bárbara alegria os mercenários o executam!

– Na minha mocidade – disse Gordon, – conheci um parente do marechal de Marsillac que, perseguido na sua província por causa daquele ilustre desgraçado, ocultava-se em Paris sob um nome suposto. Era um velho de setenta e dois anos. Acompanhava-o a esposa, mais ou menos da sua idade. Haviam tido um filho libertino que, aos quatorze anos, fugira da casa paterna. Soldado, depois desertor, passara por todos os graus do deboche e da miséria Afinal, sob outro nome, entrara para a guarda do cardeal de Richelieu (pois esse sacerdote, como Mazarino, tinha guardas); obtivera um bastão de ajudante nessa companhia de satélites. Esse aventureiro foi encarregado de prender o casal de velhos, o que desempenhou com toda a dureza de um homem desejoso de agradar a seu amo. Enquanto os conduzia, ouviu as duas vítimas deplorarem a longa sequência dos males que haviam experimentado desde o berço. O pai e a mãe contavam entre os seus maiores infortúnios os desmandos e a perda do filho. Reconheceu-os; mas nem por isso deixou de os conduzir à prisão, assegurando-lhes que acima de tudo estava o serviço de Sua Eminência. Sua Eminência recompensou-lhe o zelo.

Vi um espião do padre de La Chaise trair o próprio irmão, na esperança de um pequeno benefício, que não obteve; e vi-o morrer, não de remorsos, mas do pesar de haver sido enganado por um jesuíta.

O cargo de confessor, que por muito tempo exerci, fez-me conhecer o íntimo das famílias; não vi quase nenhuma que não estivesse mergulhada na amargura, muito embora, afivelando a máscara da felicidade, parecessem nadar em alegria, e sempre notei que os grandes desgostos eram fruto da nossa desenfreada cupidez.

– Quanto a mim – disse o Ingênuo, – penso que uma alma nobre, reconhecida e sensível pode viver feliz; e conto desfrutar de uma felicidade sem nuvens com a bela e generosa St. Yves. Pois espero – acrescentou, dirigindo ao irmão desta um amistoso sorriso – que não me recusarás, como o ano passado, e garanto que me portarei com mais decência.

O padre desmanchou-se em desculpas quanto ao passado e em protestos de eterna amizade.

O tio Kerkabon disse que seria aquele o mais belo dia da sua vida. A boa tia, extasiada e chorando de júbilo, exclamava:

– Bem te dizia eu que nunca havias de ser subdiácono; este sacramento vale mais que o outro; prouvera a Deus que eu fosse honrada com ele! Em todo caso, te servirei de mãe. E cada qual porfiava em louvar a adorável St. Yves.

O Ingênuo tinha o coração bastante compenetrado de tudo a que a St. Yves fizera por ele, e muito a amava para que a aventura dos diamantes pudesse desvanecer tudo o mais. Mas estas palavras que não deixara de ouvir, tu me dás a morte, ainda o aterravam secretamente e lhe corrompiam toda a alegria, ao passo que os elogios à sua querida aumentavam ainda mais o seu amor. Agora não se ocupava senão dela; só se falava da felicidade que ambos mereciam; combinavam viver todos juntos em Paris, faziam projetos de fortuna e engrandecimento, entregavam-se a todas essas esperanças que o mínimo lampejo de ventura faz brotar com tamanha facilidade.

Mas o Ingênuo, no íntimo, experimentava um sentimento que repelia essa ilusão. Relia as promessas assinadas por St. Pouange, e as nomeações assinadas por Louvois. Descreveram-lhe esses homens tais como eram, ou como os julgavam. Todos se referiram aos ministros e ao ministério com essa "liberdade de mesa" considerada em França como a mais preciosa liberdade que se possa gozar sobre a face da terra.

– Se eu fosse rei de França – disse o Ingênuo, – eis como escolheria o ministro da guerra: havia de ser um homem do mais alto nascimento, pois assim daria ordens à nobreza. Desejaria que fosse ele próprio oficial, que tivesse percorrido todos os postos, que fosse pelo menos tenente-general e digno de ser marechal de França; pois não é necessário ter servido, para melhor conhecer todos os detalhes do serviço' E os oficiais não obedecem mil vezes com mais disposição a um militar que se haja, como eles, assinalado pela coragem, do que a um homem de gabinete que, quando muito, só pode adivinhar as operações de uma campanha, por mais inteligente que seja? Não me incomodaria se o meu ministro fosse generoso, embora isso, às vezes, embaraçasse um pouco o meu tesoureiro real. Gostaria que trabalhasse com facilidade e que se distinguisse por essa alegria de espírito, apanágio de um homem superior, tão do agrado da nação e que torna todos os deveres menos penosos.

Desejava ele que um ministro tivesse esse caráter, porque sempre notara que o bom-humor é incompatível com a crueldade. Monsenhor de Louvois talvez não se agradasse dos desejos do Ingênuo: possuía outra espécie de mérito.

Mas, enquanto se achavam à mesa, a doença da infeliz assumia um caráter funesto; atacara-a uma febre devoradora; sofria, mas não se queixava, para não perturbar a alegria dos convivas.

O irmão, sabendo que ela não dormia, foi até seus aposentos; ficou surpreso com o seu estado. Todos acorreram, o noivo em primeiro lugar. Estava sem dúvida mais alarmado e comovido do que todos os outros; mas aprendera a acrescentar a discrição a todos os felizes dons que lhe prodigalizara a natureza, e começava a dominar-lhe o espírito o sentimento imediato das conveniências.

Mandaram chamar um médico da vizinhança. Era um desses que visitam os doentes a correr, que confundem a doença que acabam de ver com a que estão examinando, que exercem uma cega rotina em uma ciência à qual nem toda a madureza de um espírito são e refletido poderá tirar seus perigos e incertezas. Aumentou o mal com sua precipitação em prescrever um remédio em moda na época. Modas até na medicina! Essa mania era muito comum em Paris. A triste St. Yves ainda contribuía mais do que o médico para agravar o seu estado. A alma consumia o corpo. A multidão dos pensamentos que a agitavam vertia-lhe nas veias um veneno mais perigoso que o da febre.

20
A MORTE DA BELA ST. YVES E SUAS CONSEQUÊNCIAS

Chamaram outro médico. Este, em vez de auxiliar a natureza e deixá-la agir em uma jovem criatura cujos órgãos a solicitavam todos para a vida, só se preocupou em contrariar o seu confrade. Em dois dias a doença se declarou mortal. O cérebro, que se supõe a sede do entendimento, foi tão violentamente atacado quanto o coração, que é, ao que dizem, a sede das paixões.

Que incompreensível mecânica submeteu os órgãos ao sentimento e ao espírito? Como pode uma única ideia dolorosa desarranjar a circulação do sangue? Como é que o sangue, por sua vez, comunica suas irregularidades ao entendimento humano? Que fluido é esse, desconhecido de nós, mas cuja existência é inegável, e que, mais rápido, mais ativo do que a luz, percorre num ápice todos os canais da vida, produz sensações, lembranças, tristeza ou alegria, razão ou delírio, evoca, com horror, o que se desejaria esquecer e que faz, de um animal pensante, ou um objeto de admiração, ou um motivo de piedade e lágrimas?

Era o que dizia o bom Gordon; e essa reflexão tão natural, que raramente os homens fazem, em nada lhe afetava o sofrimento; pois não era desses desgraçados filósofos que se esforçam por se mostrar insensíveis. Comovia-se com a sorte daquela moça, como um pai que vê lentamente morrer o seu filho querido.

O padre de St. Yves estava desesperado, o prior e a irmã derramavam rios de lágrimas. Mas quem poderia descrever o estado de seu noivo? Nenhuma língua possui expressões que correspondam àquele auge do sofrimento; são muito imperfeitas as línguas.

A tia, quase sem vida, sustentava nos frágeis braços a cabeça da moribunda, o tio estava de joelhos ao pé do leito. O noivo apertava-lhe a mão, que banhava de lágrimas, e rompia em soluços; chamava-a sua benfeitora, sua esperança, sua vida, metade de si mesmo, sua senhora, sua esposa. A essa palavra esposa, ela suspirou, olhou-o com inexprimível ternura, e de súbito lançou um grito de horror. Depois, num desses intervalos em que a prostração e o enfraquecimento dos sentidos, e as dores suspensas, deixam à alma toda a sua liberdade e força, ela exclamou:

– Eu, tua esposa! Ah! meu querido, esse nome, essa felicidade, esse prêmio não eram mais para mim; eu morro, e o mereço. O deus de meu coração, que eu sacrifiquei aos demônios infernais, tudo está acabado, eis-me punida, e possas tu viver feliz.

Essas apaixonadas e terríveis palavras, não podiam ser compreendidas, mas lançavam em todos os peitos o horror e a comoção; ela teve a coragem de explicar-se. Cada palavra fazia os assistentes fremirem de espanto, de dor a de piedade. Todos confraternizavam para execrar o homem poderoso que só reparara uma injustiça com um crime, e que forçara a mais venerável inocência a ser sua cúmplice.

– Tu, culpada? – exclamou o noivo. – Não, tu não és culpada; o crime só pode estar no coração, e o teu cotação pertence à virtude e a mim.

Ele confirmava esse sentimento com palavras que pareciam ressuscitar a bela St. Yves. Ela sentia-se consolada, e espantava-se de ser ainda amada. O velho Gordon a teria condenado no tempo em que era apenas jansenista; mas, tendo-se tornado sábio, estimava-a e só fazia chorar.

Em meio de tantas lágrimas e temores, enquanto o perigo daquele querido ente enchia todos os corações, quando era tudo consternação, anunciam um correio da Corte. Um correio! E de quem? E por que? Era da parte do confessor do rei para o prior da Montanha. Quem escrevia não era o padre de La Chaise, mas o irmão Vadbled, seu criado de quarto, homem muito importante naquela época: era ele quem comunicava aos arcebispos as decisões de Sua Reverendíssima, ele quem dava audiência, quem prometia benefícios, quem expedia às vezes as cartas-de-prego. Escrevia ele ao prior da Montanha que Sua Reverendíssima se achava informado das aventuras de seu sobrinho, o hurão, que a prisão deste último fora apenas um engano, que essas pequenas desgraças sucediam frequentemente, que não se devia dar ,maior importância a tal coisa e que, enfim, concedia que ele, prior, lhe viesse apresentar o referido sobrinho no dia seguinte, que também devia trazer consigo esse Gordon, que ele, irmão Vadbled apresentaria a Sua Reverendíssima e a Monsenhor de Louvois, o qual lhes diria uma palavra na sua antecâmara.

Acrescentava que a história do Ingênuo e do seu combate com os ingleses havia sido referida ao rei, o qual certamente se dignaria notá-lo quando passasse pela galeria, e talvez até lhe fizesse um aceno de cabeça. Terminava a carta com a lisonjeira esperança de que todas as damas da Corte se apressariam em chamar o seu sobrinho ao toucador, e que várias dentre elas lhe diriam: “Bom dia, senhor Ingênuo”; e que seguramente falariam a seu respeito durante a ceia do rei. A carta vinha assinada: Seu afeiçoado Vadbled, irmão jesuíta.

Tendo o prior lido a carta em voz alta, o sobrinho, furioso, e retendo um momento a cólera, nada disse ao portador, mas, voltando-se para o seu companheiro de infortúnio, perguntou-lhe o que pensava daquele estilo. Gordon lhe respondeu: "É que tratam os homens como macacos: batem-lhes e fazem-nos dançar" O Ingênuo, recuperando o antigo gênio, que volta sempre nas grandes comoções, rasgou a carta em pedaços e lançou-os à cara do portador: "Eis a minha resposta". O tio espantado, julgou ver o raio e vinte cartas-de-prego tombarem-lhe em cima. Foi logo escrever, desculpando, como podia, aquilo que ele tomava como um arrebatamento de moço, mas que era o desabafo incontido de uma grande alma. No entretanto, mais dolorosos cuidados se apossavam de todos os corações. A bela e desgraçada St. Yves sentia já aproximar-se o fim; estava tranquila, mas dessa terrível tranquilidade da natureza exausta que não têm mais forças para combater.

Ó meu querido – disse ela com voz desfalecente, – a morte me castiga pela minha fraqueza; mas expiro com o consolo de saber-te livre. Eu te adorei quando te traía, e adoro-te quando te digo o adeus eterno.

Não ostentava uma vã firmeza; não tinha essa miserável vaidade de fazer com que alguns vizinhos comentassem; "Ela morreu corajosamente". Quem é que pode, aos vinte anos, perder sem pesar e sofrimento, o seu amado, a sua vida, e aquilo a que chamam a honra? Sentia todo o horror do seu estado, e fazia-o sentir com essas palavra, e olhares moribundos que falam com tanto império. Chorava, enfim, como os outros, nos momentos em que tinha forças para fazê-lo. Louvem outros a morte faustosa daqueles que entram com toda a insensibilidade no aniquilamento: é a sorte de todos os animais. Só morremos com a sua mesma indiferença quando a idade ou a doença nos torna semelhantes a eles devido à estupidez de nossos sentidos. Quem quer que sofra uma grande perda, sente-o imensamente; se abafa o seu pesar, é que leva a vaidade até os braços da morte.

Chegado o fatal instante, todos os assistentes romperam em lágrimas e ais. O Ingênuo perdeu os sentidos. As almas fortes têm reações muito mais violentas que as outras quando se comovem. O bom Gordon, que muito bem o conhecia, temia que ele se matasse, ao voltar a si. Afastaram de seu alcance todas as armas; o infeliz o percebeu; e disse a seus parentes e a Gordon, sem chorar, sem gemer, sem alterar-se:

– Pensam então que existe alguém no mundo que tenha o direito e o poder de me impedir que eu acabe com a vida?

Gordon não procurou impingir-lhe esses fastidiosos lugares-comuns com os quais tentam provar que não devemos a usar da própria liberdade para deixar a vida quando nos sentimos horrivelmente mal e que não é licito abandonarmos a própria casa quando esta se torna inabitável, e que o homem está no mundo como um soldado no seu posto: como se importasse ao ser dos seres que a assembleia de algumas partes de matéria estivesse num lugar ou noutro; impotentes razões que um desespero firme e refletido desdenha ouvir, e às quais Catão só respondeu com um punhal.

O terrível silêncio do Ingênuo, seus olhos sombrios, seus lábios trementes, os frêmitos de seu corpo, incutiam, na alma de todos aqueles que o contemplavam, essa mescla de compaixão e terror que encadeia a alma, que impede a palavra e só se manifesta por frases entrecortadas. A dona da casa e sua família haviam acorrido; tremiam de seu desespero, guardavam-no à vista, observavam-lhe todos os movimentos. Já o corpo gelado da bela St. Yves fora carregado para longe dos olhos do Ingênuo, que ainda parecia procurá-la, embora não estivesse em condições de distinguir o que quer que fosse.

Em meio desse fúnebre espetáculo, enquanto se acha o corpo exposto à porta da casa, e dois padres, junto a uma pia, recitam orações com ar distraído, enquanto alguns passantes, por ociosidade, lançam água benta sobre a eça e outros prosseguem indiferentemente o seu caminho, enquanto os parentes choram e um noivo está prestes a matar-se, chega St. Pouange com a amiga de Versalhes.

Sua passageira inclinação, apenas uma vez satisfeita, transformara-se em amor. Espicaçara-o a recusa de seus presentes. O padre de La Chaise jamais teria pensado em ir àquela casa; mas St. Pouange, tendo todos os dias diante dos olhos a imagem da bela St. Yves, ardendo por aplacar uma paixão que, por uma função única, o aferroara com o aguilhão dos desejo, não hesitou em ir procurar pessoalmente aquela a quem talvez não quisesse rever três vezes se ela própria houvesse comparecido.

Desce da carruagem; o primeiro objeto que se lhe depara é um esquife; ele desvia os olhos com esse simples desgosto de um homem afeito aos prazeres que julga lhe deva ser poupado todo espetáculo capaz de o obrigar à contemplação da miséria humana. Faz menção de subir. A mulher de Versalhes pergunta, por curiosidade, a quem vão enterrar; pronunciam o nome da senhorita de St. Yves. A esse nome, ela empalidece e solta um grito; St. Pouange volta-se; a surpresa e a dor lhe avassalam a alma. Ali se achava o bom Gordon, com os olhos rasos de lágrimas. Interrompe as suas tristes preces para narrar ao cortesão toda aquela horrível catástrofe. Fala-lhe com esse império que dão o sofrimento e a virtude. St. Pouange não nascera mau; a torrente das intrigas e diversões havia arrebatado a sua alma, que ainda se desconhecia. Não havia atingido à velhice, que de ordinário endurece o coração dos ministros; escutava Gordon de olhos baixos e enxugava algumas lágrimas que estava atônito de derramar: conheceu o arrependimento.

– Faço absoluta questão de ver – disse ele – esse homem extraordinário de quem o senhor me falou; ele me comove quase tanto como essa inocente vítima cuja morte causei.

Gordon o acompanhou até o quarto onde o prior, a Kerkabon, o padre de St. Yves e alguns vizinhos tudo faziam para reanimar o jovem que de novo desmaiara.

– Causei sua desgraça – disse-lhe o subministro. – Empregarei a minha vida em reparar o mal que lhe fiz.

A primeira ideia que ocorreu ao Ingênuo foi matá-lo e matar-se depois. Nada mais cabível; mas achava-se sem armas e estreitamente vigiado. St. Pouange não se chocou com a repulsa, acompanhada da censura, desprezo e horror que ele bem merecia e não lhe foram poupados. O tempo abranda tudo. Monsenhor de Louvois conseguiu afinal fazer um excelente oficial do Ingênuo, que apareceu sob outro nome em Paria e no exército, com o aplauso de todas as pessoas de bem, e que foi ao mesmo tempo um guerreiro e um filósofo intrépido.

– Jamais se referia a essa aventura sem gemer; e no entanto o seu consolo era falar nela. Cultuou a memória da bela St. Yves até o último instante de vida. O padre de St. Yves e o prior conseguiram cada qual um bom benefício; a boa Kerkabon estimou mais ver o sobrinho nas honrarias militares do que no subdiaconato. A devota de Versalhes ficou com os brincos e recebeu ainda um belo presente. O padre Tout-à-tous ganhou latas de chocolate, de café, de açúcar-cande, de frutas em compota, com as Meditações do Reverendo Padre Croiset e a Flor dos Santos encadernados em marroquim. O bom Gordon viveu com o Ingênuo até a morte, na mais íntima amizade; também conseguiu um benefício e esqueceu para sempre a graça eficaz e o concurso concomitante.